1980年8月26日,团结工会领导人莱赫·瓦文萨在格但斯克造船厂对罢工工人们讲话(Report image via AP, file)(Photo：/AP)

南大亚太论丛·**美国海外隐蔽行动研究系列**

主编 石斌

1980年代美国对波兰的隐蔽行动

潘光逸 著

南京大学出版社

《南大亚太论丛》

主　　办　南京大学亚太发展研究中心

学术委员会（以姓氏拼音排列）
蔡佳禾（南京大学中美文化研究中心）
蔡永顺（香港科技大学人文社会科学院）
陈志敏（复旦大学国际关系与公共事务学院）
樊吉社（中国社会科学院美国研究所）
洪银兴（南京大学商学院）
孔繁斌（南京大学政府管理学院）
沈志华（华东师范大学周边国家研究院）
石　斌（南京大学亚太发展研究中心）
石之瑜（台湾大学政治学系）
时殷弘（中国人民大学国际关系学院）
孙　江（南京大学学衡研究院）
王月清（南京大学哲学系）
阎学通（清华大学国际关系研究院）
张凤阳（南京大学政府管理学院）
朱庆葆（南京大学历史学院）

编辑委员会：
主　编：石　斌
副主编：李里峰　毛维准
成　员：祁玲玲　舒建中　赵光锐　吴小康　宋文志

《美国海外隐蔽行动研究系列》

编辑部：
主　编：石　斌
副主编：毛维准　舒建中
成　员：赵光锐　葛腾飞

《南大亚太论丛》总序

"南京大学亚太发展研究中心"于2016年夏初创设并渐次成长,得"南京大学亚太发展研究基金"之专项全额资助,实乃一大助缘、大善举;众多师友、同道的鼓励、扶持乃至躬身力行,同样厥功至伟。

此一学术平台之构建,旨在通过机制创新与成果导向,以国际性、跨国性与全球性议题为枢纽,将人文社会科学诸领域具有内在关联之学科方向、研究内容与学术人才,集成为国际关系、国家治理、经济发展、社会文化等多个"研究群",对大亚太地区展开全方位、多层次、跨学科研究,并致力于承担学术研究、政策咨询、人才培养、社会服务与国际交流等功能。

所谓"亚太",取其广义,乃整个亚洲与环太平洋地区之谓。不特如此,对于相关全球性问题的关切,亦属题中之义。盖因世界虽大,却紧密相连。值此全球相互依存时代,人类命运实为一荣损相倚、进退同步之共同体,断难截然分割。面对日益泛滥的全球性难题,东西南北,左邻右舍,各国各族,除了风雨同舟,合作共赢,又岂能独善其身,偷安苟且?所谓"发展",固然有"政治发展"、"经济发展"、"社会发展"等多重意蕴,亦当有"和平发展"与"共同发展"之价值取向,其理亦然。

吾侪身为黉门中人,对于大学之使命,学人之天职,理当有所思虑。故欲旧话重提,在此重申:育人与问学,乃高等教育之两翼,相辅相成、缺一不可。大学之本是育人,育人之旨,在"养成人格",非徒灌输知识、传授技能;大学之根是学问,学问之道,在"善疑、求真、创获"。二者之上,更需有一灵魂,是为大学之魂。大学之魂乃文化,文化之内核,即人文价值与"大学精神":独立、开放、理性、包容、自由探索、追求真理、秉持理想与信念。大学之大,盖因有此三者矣!

南京大学乃享誉中外之百年老校,不独底蕴深厚、人文荟萃,且英才辈出、薪火相续。于此时代交替、万象更新之际,为开掘利用本校各相关领域之丰厚学术资源,凝聚研究团队,加强对外交流,促进学术发展,展示亚太中心学术同仁之研究成果与学术思想,彰显南京大学之研究水平与学术风格,我们在《南大亚太评论》、《现代国家治理》、《人文亚太》、《亚太艺术》等学术成果已相继问世的基础上,决定再做努力,编辑出版《南大亚太论丛》。

海纳百川,有容乃大。自设门户、画地为牢,绝非智者所为。所谓"智者融会,尽有阶差,譬若群流,归于大海",对于任何社会政治现象,唯有将各种研究途径所获得的知识联系起来,方能得到系统透彻的理解,否则便如朱子所言,"见一个事是一个理",难入融会贯通之境。办教育、兴学术,蔡元培先生主张"囊括大典,网罗众家,思想自由,兼容并包"。《论丛》的编纂,亦将遵循此种方针。

故此,《论丛》之内容,并不限于一般所谓国际问题论著。全球、区域、次区域及国家诸层面,内政外交、政治经济、典章制度与社会文化诸领域的重要议题,都在讨论范围之内。举凡个人专著、合作成果、优秀论文、会议文集,乃至特色鲜明、裨利教学的精品教材,海外名家、学术前沿的迻译之作,只要主题切合,立意新颖,言之有物,均在"网罗"、刊行之列。此外我们还将组织撰写或译介各种专题系列丛书,以便集中、深入探讨某些重要议题,推动相关研究进程,昭明自身学术特色。

要而言之,南京大学亚太发展研究中心所执守之学术立场,亦即《论丛》之编辑旨趣:一曰"本土关怀,世界眼光";再曰"秉持严谨求实之学风,倡导清新自然之文风";三曰"科学与人文并举,学术与思想共生,求真与致用平衡"。

一事之成,端赖众力。冀望学界同仁、海内贤达继续鼎力支持、共襄此举,以嘉惠学林,服务社会。值出版前夕,爰申数语,以志缘起。

石　斌

2018 年元旦于南京

主编的话

世界政治波谲云诡、错综复杂。自现代民族国家体系成型以来,国家间关系的常态始终是共识与分歧、合作与冲突、妥协与竞争并存,绝对的和谐或绝对的冲突,都不符合实际。就国际竞争而言,国家可能采用的战略手段与对外政策工具多种多样,有的温和、友好,有的则带有敌意与攻击性;有的公开透明,有的则秘而不宣。既不友好也不公开的对外活动,一般还被统称为"隐蔽行动"。"隐蔽行动"同样种类繁多,按照学术界的一般看法,至少可分为隐蔽宣传行动、隐蔽政治行动、隐蔽经济活动、准军事行动等类型。

对外隐蔽行动，尤其是二战后以来美国等西方国家的对外隐蔽行动，是国际关系史研究，特别是冷战史研究的一个重要领域。这类课题在欧美学术界既属于军事与战略情报史研究的范围，也是国际关系和外交史研究的对象。保罗·肯尼迪、厄内斯特·梅、理查德·伊默曼、约翰·路易斯·加迪斯等著名战略学、国际政治学或国际关系史学者，或多或少都曾从事过这方面的研究和论述。较之西方学者对这一主题的持续关注及其不断问世的大量论著，中国学者所做的努力虽然比过去多了一些，但还非常有限，差距也很明显。

西方大国在冷战时期遍及全球的隐蔽行动，是其对外战略与对外政策的一个重要组成部分。以美国中央情报局等部门为主所进行的对外隐蔽活动，包括对他国的秘密干涉与颠覆活动，以及政治战、心理战、宣传战等等，是美国对外政策与对外行为的一个重要而又特殊的侧面,更是美国冷战政策的一大"特色"。然而过去由于文献史料方面的限制,人们往往一知半解,难闻其详。就冷战时期的相关问题而言,欧美学者从自身的立场和观察角度所得出的结论,自然也需要加以分辨,未可照单全收。自冷战结束以来,美国等东西方相关国家陆续开放了许多原始档案文献,这使我们有可能借助更为全面和可靠的材料,揭开隐蔽活动的神秘面纱,打破陈说、道听途说或西方学者的一家之言,进一步揭示历史真相,弥补国内相关学术空白或研究短板,拓展国际关系和外交史研究的论题与视域,从而对战后以来的国际关系和有关国家的对外政策获得更加全面的认识。

因此,我们决定首先从一些与美国有关的典型案例入手,组织一批来自军队与地方高等院校、科研机构的国际战略、国际关系或外交史学者,共同编纂"美国海外隐蔽行动"专题研究系列。

为了实现此项研究的初衷,在研究目标、学术规范与编写体例等方面保持必要的一致性,我们希望各位

作者在研究和写作的过程中,尽可能遵循以下几项原则:

其一,就研究性质而言,这套系列丛书属于历史案例研究("案例"在此可以较为宽泛地理解为具有典型意义的事件、政策、计划、行动或议题),研究对象与主题非常明确,故要以叙事为主,议论为辅,紧扣主题,突出重点,主要靠事实与证据说话。

其二,就研究目的而言,要联系相关国际与国内背景,尽可能准确描述事情的来龙去脉,尤其是美国政府有关政策或计划的决策与实施过程,以说明其动因、目标与得失,反映该案例的性质、特点、影响及其相对于其他类似案例所具有的独特性与认识论价值;此外还要注意揭示美国海外隐蔽行动与美国冷战战略、国家安全战略或地区战略之间的联系,并就美国对外政策与对外行为的一些重要特点或一般规律提出中国学者的独立见解。

其三,在研究方法上,要严格遵循外交史或国际关系史研究之学术规范，立足翔实、可靠的外交档案文献和其他第一手资料，尽可能还原历史真相，纠正错误认识，并力求反映国内外最新研究成果。

其四，在写作风格上，则不妨在注重学术性与思想性的同时，兼顾趣味性与可读性，俾使学术著作能够走出书斋，走向大众，为更多的人所赏阅。故篇幅宜短小精悍，语言要简洁生动，惟陈言、赘语、套话之务去。以厘清事情之原委、揭示问题之实质为首要目的，不必连篇累牍，任意敷衍，徒增读者负担。当然，在符合研究宗旨，遵循基本规范的前提下，作者可以，也应该有自己的叙事、行文与思想风格。

最后，需要说明的是，美国作为一个全球性大国，一向热衷海外干涉，其对外隐蔽行动的频率之高、事例之多、影响之大，并世无双。限于研究能力，我们目前所选择的十数个分析案例仅仅是其中一小部分，如果条件允许，还可以逐步扩充。而且，就整体考察乃至战略与理论层面的探讨而言，历史案例研究也还只是一项基础性工作,今后还有大量的工作要做。因此,我们非常希望有更多对此项课题感兴趣的学术同行加入我们的研究队伍。对于此项工作中所存在的缺点与不足,也真诚欢迎学界同仁予以批评和指正。

2018 年 1 月 20 日

目　录

导论 ········· 001

第一章　危险与机遇：波兰危机与美国的选择 ········· 013
　一、波兰历次危机与战后美波关系 ········· 015
　二、团结工会的进攻 ········· 031
　三、戒严令与隐蔽行动的开始 ········· 043

第二章　缓慢的启动：里根对波兰政策的形成 ········· 061
　一、胡萝卜与大棒 ········· 065
　二、确定隐蔽行动 ········· 080

第三章　四驾马车：隐蔽行动的领导者们 ········· 095
　一、劳联—产联先发制人 ········· 098
　二、中情局进入波兰 ········· 113
　三、广播领域的秘密战争 ········· 129

四、里根、教会与隐蔽行动 ································ *149*

第四章　外交僵局下隐蔽行动的进展 ································ *163*
　　一、微妙的冰点 ································ *168*
　　二、共谋：中情局及其秘密盟友 ································ *177*
　　三、安静外交：美国驻华沙大使馆与约翰·戴维斯 ································ *187*
　　四、国家民主捐赠基金会与文化攻势 ································ *196*
　　五、谎言的结束：隐蔽的攻心之战 ································ *206*

第五章　解冻：隐蔽行动公开化 ································ *229*
　　一、新思维、旧对手 ································ *235*
　　二、团结工会的内部矛盾 ································ *249*
　　三、民间资助的拓展 ································ *264*

第六章　通往圆桌会议之路 ································ *275*
　　一、施压与反应 ································ *281*
　　二、僵局与转机 ································ *297*

第七章　最后的选举 ································ *309*
　　一、里根时代的遗产 ································ *314*
　　二、布什的徘徊不定 ································ *327*
　　三、对抗性选举 ································ *336*
　　四、大选之后 ································ *347*

结语 ·· *373*

参考文献 ·· *390*

附录 人名中英文对照 ································ *409*

导 论

1989年6月4日,一场政治剧变降临波兰。执政40余年的波兰统一工人党及其领导的执政联盟在与以团结工会为代表的反对派的竞选中遭到惨败:执政联盟在按比例分配的299个议会席位中只赢得了2席,在参议院的100个需经选举分配的席位中一席未得。[①] 而团结工会和其他反对派却以近乎完胜的姿态取得了对政权的控制,政治体制也随之发生根本性变化——恢复了总统制和两院制,抛弃了与共产党政权相关的国家象征,经济上

---

① 刘祖熙:《波兰战后的三次危机》,北京:世界知识出版社,1992年,第184页。

转而实行市场经济,国有资产私有化。这意味着在波兰统治了近半个世纪的共产党政权轰然垮台。而更为重要的是,波兰的动荡打开了东欧剧变的缺口,在其后的两年里,苏联领导下的社会主义阵营分崩离析、最终解体。

史学家提摩西·阿什(Timothy Garton Ash)在剧变前夜与哈维尔(Václav Havel)的一次私人谈话中曾开玩笑地说:"(东欧剧变)波兰用了十年,匈牙利用了十个月,东德用了十周,而捷克斯洛伐克只用了十天。"这次谈话很快出现在了公众视野里并流传甚广。其后,无论是波兰人还是其他东欧国家的反对派都热衷于用"十天"这一数字表达对社会变革之剧烈的惊愕。不过,阿什随后补充道:"波兰是第一个,也是付出代价最大的一个。"[①]这段颇具戏谑的表述凸显了波兰作为苏东阵营的"缺口"在剧变中经历了最为漫长的斗争。

---

① Timothy Garton Ash, *The Magic Lantern the Revolution of '89 Witnessed in Warsaw, Budapest, Berlin and Prague* (New York: Vintage Books, 1990), p.49.

波兰对苏联统治的抗争由来已久。从1947年工人党和社会党组成的民主联盟执政开始,波兰就逐步放弃了自身的民族属性而全面跟从苏联的步伐,并迅速改变了本国较为独立的内外政策,向高度集中的"苏联模式"靠拢。[1] 然而,历史性的民族矛盾和社会主义阵营内部的政策与利益分歧导致波兰与苏联关系起伏不定。1956年的波兹南事件、1970年的12月事件都是波兰对具有本国特色的"波兰道路"的尝试与对"苏联模式"的反思。然而每次具有独立性的努力都不得不在苏联的干涉下被迫收回。到1976年,当高度依赖外债的经济模式陷入困境、国家政策调控失败时,积怨已久的反对势力便在新一轮的抗议浪潮中发生了质变。1976年9月,作家安杰耶夫斯基(Jerzy Andrzejewski)等人成立了波兰第一个反对共产党政权的社会组织——保卫工人委员会(The

---

[1] Gales Stockes, ed., *From Stalinism to Pluralism: A Documentary History of Eastern Europe Since 1945* (Oxford: Oxford University Press, 1996), p. 33. Timothy Garton Ash, *The Polish Revolution* (Yale: Yale University Press, 2002), pp.364 - 365.

Workers' Defense Committee,波兰语缩写为 KOR),工人、知识分子和教会势力都广泛地参与到了委员会领导的反抗活动中,与之前东欧的反共组织相比,保卫工人委员会的出现预示着反对势力变得更加有组织性、更加公开。① 虽然这个委员会在不久之后因内部分裂而逐渐式微,但它预示着波兰内部要求变革的群体已经成为一股巨大的、不可忽视的力量。1980 年,在格但斯克造船厂的电工莱赫·瓦文萨(Lech Walesa)领导下横空出世的团结工会继承了保卫工人委员会的组织模式、行动路线并最终推动了波兰剧变的发生。

实际上,在 20 世纪 80 年代紧张而高压的气氛下,团结工会的反政府斗争过程曲折,其胜利不得不让我们将视线转向隐匿在团结工会背后的秘密支持者——美国。二战后,美国始终将波兰作为突破铁幕的"楔子"而对其

---

① Paul G. Lewis, "Review: Political Dissent and Opposition in Poland: The Workers' Defense Committee 'KOR' by Robert Zuzowski," *The Slavonic and East European Review*, Vol. 73, No. 2 (Apr., 1995), pp.365 - 366.

颇为重视,也因波兰的地缘战略重要性和美籍波兰裔群体——包括在美国政府中身居高位的理查德·派普斯(Richard Pipes)、布热津斯基(Zbigniew Brzezinski)、马斯基(Edmund Muskie)和扎布洛茨基(Clement J. Zablocki)等——在美国政界与社会中的巨大影响,美国与波兰间形成了一种"特殊关系"。[1]

长期以来,美国对波政策始终存在着双重考虑:一方面美国希望以波兰作为渗透苏联卫星国、削弱乃至颠覆苏联影响的缺口;而另一方面又由于忌惮苏联对东欧国家的干预能力和可能的过激反应,受到苏联在历史上对东欧国家的军事干涉行动的影响,美国始终不敢采取过于激进和破坏性的行动。在这双重考虑之下,美国政府

---

[1] Stephen A. Garrett, "Eastern European Ethnic Groups and American Foreign Policy," *Political Science Quarterly*, Vol. 93, No. 2 (1978), pp. 301 - 323; Robert L. Hutchings, *American Diplomacy and the End of the Cold War: An Insider's Account of US Diplomacy in Europe, 1989 - 1992* (Baltimore: Johns Hopkins University Press, 1997), p.214.

对波兰采取了介于外交斡旋与战争手段外的"第三种选择"——隐蔽行动。①

隐蔽行动的价值在于它提供了一个温和、相对稳定的对抗模式,既可以培养对手内部的反对势力,也能够避免过度干预带来的战争风险,还能够通过行动隐蔽性赋予的"矢口否认"限制行动自身的风险。② 因此,不大可能引发战争的隐蔽行动成为美国对抗苏联在欧洲和第三世界扩张的最常用手段。③

美国对波兰的隐蔽行动几乎纵跨了整个冷战后期,从卡特时期开始,虽然美国政府没有直接干预波兰内部局势的演变,但与政府关系密切的劳工联合会——产业

---

① Boren D. L., "Covert Action and American Foreign Policy," *Harvard International Review*, Vol.11, No.3(1989), pp.103-105.
② William J. Daugherty, *Executive Secrets: Covert Action And The Presidency* (Lexington: University Press of Kentucky), p.19. John Jacob Nutter, *The CIA's Black Ops: Covert Action, Foreign Policy, and Democracy* (New York: Prometheus Books, 1999), p.30. 白建才:《第三种选择——冷战期间美国对外隐蔽行动战略研究》,北京:人民出版社,2012年,第59页。
③ William J. Daugherty, *Executive Secrets*, p.20.

工会联合会(AFL-CIO,即 The American Federation of Labor and Congress of Industrial Organizations,下文简称"劳联—产联")已经开始关注波兰境内局势的变化并尝试为政见不同者和反对组织提供物质支持。里根上台后,随着美苏关系的紧张和波兰国内动乱的加剧,美国政府逐渐直接对波兰局势施加影响,尤其在1981年12月13日,统一工人党总书记雅鲁泽尔斯基(Wojciech Jaruzelski)颁布了戒严令、取缔团结工会并逮捕大批反对势力领袖之后,里根政府迅速做出反应,全面展开对波兰的隐蔽行动。但是由于波兰地处中欧敏感区域和苏联对社会主义盟国的干预历史,美国对波兰的隐蔽行动并不及其在拉美、中亚那般激烈,而是采用了较为平和的低烈度行动。

美国政府对波隐蔽行动政策制定总体上经历了三个阶段。第一阶段从1981年12月波兰统一工人党政府发布戒严令开始到1982年末,随着美国国务卿黑格(Alexander M. Haig)辞职、舒尔茨(George P. Shultz)接替黑格掌舵美国外交政策,在隐蔽行动中一度动作迟缓的中情局依靠着教会、劳联—产联的合作逐渐展开。其中,从1982年下半年开始,里根签署了一系列国家安全决议,授权美国各部门采取行动削弱苏联对东欧的控制。而最为关键的决策是1982年11月4日里根批准的代号为QRHELPFUL的非正式项目——它授权中情局向团结工会提供资金和非武器类援助以保证团结工会在紧张的政治气氛下得以生存。这是一个极具象征性的决定,它意味着美国对波隐蔽行动在经历了数月的激烈争论后被正式确认,并将作为美国对东欧总体政策的重要部分而得到政府的大力支持。第二阶段从1983年到1987年1月副国务卿约翰·怀特海德(John C. Whitehead)出访波兰为止,其间,包括各政府机构、社会各界乃至部分国际组织都被美国动员起来,对团结工会倾力相助;第三阶段从1986年2月到1989年6月波兰大选、统一工人党失去对政权的控制为止,政府主导的隐蔽行动经历了从加速扩张到克制收缩的过程。在此期间,由于波兰政府对团结工会的压制日益削弱以及后者在波兰社会的活动逐渐公开,隐蔽行动的手段和内容也逐步转变。美波两国关系于1986年末、1987年初开始日趋缓和,波兰当局对团结工会的打击也逐步减轻,隐蔽行动规模随之缩小。在1989年6月波兰民选政府建立之后,美国对波隐蔽行动基本停止。可以看出,美国对波实施隐蔽行动的趋势与对波总体政策相一致,是作为总体政策的一环进行的。

不过,如果不拘泥于"隐蔽行动"狭义的定义,我们能够发现更多美国秘密影响波兰局势演变的方法。① 在1986年9月波兰政府对政治犯的大赦和1987年1月美

---

① 关于"隐蔽行动"的定义众说纷纭,在1948年美国国家安全委员会最早的定义中,认为其要点在于支持反对敌对国家的集团,要使任何局外人都不清楚美国政府在其中的责任,一旦败露,政府能够否认其对此负责,其内容包括宣传、破坏、援助反政府势力、颠覆等等。这种定义强调了美国政府在行动过程中的隐蔽性和可否认性;而有学者对这一看法进行了修正,指出有些政策虽然是被当作隐蔽行动执行,但在实施过程中并没有遵循"隐蔽"的原则,比如建立政治影响力和对反对派的公开支持。参见 *Foreign Relations of the United States (FRUS)*, 1945-1950, Emergence of the Intelligence Establishment, p.292; Bruce D. Berkowitz, Allan E.Goodman, "The Logic of Covert Action," *National Interest*, Vol.51(1998), pp.38-46。

国副国务卿怀特海德访问波兰并与统一工人党和团结工会两方都进行了长时间的谈话后,美波关系走向缓和,而与此同时,隐蔽行动也发生了变化,对团结工会的支持更多的以国家民主捐赠基金会(National Endowment for Democracy)的形式进入波兰,此时来自美国的物质支持已经不再强调渠道的隐秘性,而是更多地注重援助主体的"中立性"了。此外,在1989年1月乔治·H. W.布什(George H. W. Bush)总统上台后,波兰的政治变革趋势已经日渐明朗,圆桌会议协商逐步达成共识,美国缩减了对团结工会的援助并转而借布什出访波兰的机会树立政治影响,通过私人说服和媒体造势的形式推动波兰局势的演进。

与其他地区的隐蔽行动相比,在针对波兰的隐蔽行动中,美国不仅是多个部门参与其中,还动员了大量社会力量和国际盟友进行协作,在执行方式上采用包括宣传战、经济战和文化渗透等隐蔽行动以催化波兰局势的演变。在政府内部,由国家安全委员会和中央情报局领导,美国新闻署、美国驻华沙大使馆和在1983年成立的国家民主捐赠基金会等依附于政府的部门和组织在不同领域展开了对波兰的隐蔽行动。而在政府之外,除了前文提到的最早对团结工会进行隐蔽支持的劳联—产联,里根以及接任的布什还主动寻求对团结工会抱有同情的波兰流亡者、美国的西欧盟友、梵蒂冈和波兰国内的宗教势力的协作,借助这些国际盟友在经济、政治和文化上的影响推动波兰的政治变革。

I

第一章

危险与机遇：波兰危机与美国的选择

一、波兰历次危机与战后美波关系

在共产党政权——波兰统一工人党治下的波兰人民共和国45年历史中,周期性的动荡几乎成为这个国家的一个独特现象,每隔几年就会爆发一次危机,差不多是"五年一小事,十年一大变"。[①] 总体上可以分为三次大的危机,这三次危机及其产生的深远影响奠定了冷战期间美国和波兰两国的基本关系。[②]

[①] 金雁:《从"东欧"到"新欧洲":20年转轨再回首》,北京:北京大学出版社,2011年,第226页。

[②] 一般认为战后波兰的三次危机分别是1956年的波匈事件、1970年的12月事件和1980年团结工会引发的波兰危机。参见王逸舟、苏绍智:《波兰危机》,成都:四川人民出版社,1988年;刘祖熙、刘邦义:《波兰战后的三次危机》;刘祖熙:《波兰通史》,北京:商务印书馆,2006年。本书认为1976年6月爆发的全国范围内的罢工事件实际上是1980年波兰危机的先导,原因在于引发危机的反对组织在人员、理念和结构上一脉相承且在1976—1980年抗议活动并未中断,政府同工会、教会的关系持续紧张,故本书将1976年的大罢工事件视为1980年危机的导火索单独列出。

第一次危机是1956年的波匈事件,这一事件对美国的影响尤其深远,导致美国历届政府在考虑东欧问题时不得不将苏联的军事干预视为关键变量,从而被迫采取温和行动。同时,美国也注意到了东欧国家的独立倾向,从而放弃了强硬的对抗立场,展开了对这些"半独立卫星国"的政策诱导。一方面,波匈事件之后,演变战略在美国的政策中占了压倒性优势并开始了一段漫长的时期。[1] 其内容正如1956年艾森豪威尔政府颁布的针对东欧卫星国的NSC5608/1号文件中显示的:"通过影响卫星国政权及其民众选择其他既符合其国家利益,又同美国的安全利益不相冲突的行动,以推进卫星国政权的本质和政策的改变。"这一文件也成为"演变政策"的核心之一,它不再强调美国和东欧国家间的武力对抗,为其后针对波兰的和平演变确立了基本方法。

另一方面,美国也不再将苏东阵营视作铁板一块,而

---

[1] 时殷弘:《美国与苏共二十大》,载《南京大学学报(哲学社会科学版)》1996年03期,第106—115页。

重视不同国家的不同地位,其中波兰的独立倾向让美国注意到了波兰在东欧局势中的特殊价值。在波匈事件之后美方试图通过经济手段鼓励波兰改革,增大波兰的自主倾向;而波方既希望得到尽可能多的援助,又不愿过分刺激苏联。[1] 1957年6月的《基本国家安全政策》(NSC5707/8)文件指出:"美国(对东欧)的基本政策应当是保证符合美国利益的卫星国人民能够和平地诉诸独立与政治自由。"[2]杜勒斯当时就指出对"半独立"的波兰提供经济援助是让共产主义走向终结的方式。[3] 国家安全委员会同年7月提交的《关于波兰的行动指南》中表达得更为清楚:在外交上,对波政策应明显优先于其他东欧国家,积极地把波兰政府纳入国际组织,支持与波兰的外交接触;在经济上,除了提供剩余产品和资金,还要进一

---

[1] 石斌:《波匈事件与美国对苏东"演变"战略的定型》,载《当代世界与社会主义》2003年02期,第60—63页。

[2] NSC5707/8, Basic National Security Policy, June 3, 1957, *FRUS*, 1955-1957, vol.19, pp.513,523.

[3] Bennett Krovig, *Of Walls and Bridges: The United States & Eastern Europe* (New York University Press, 1991), p.105.

步开发私人贷款,并考虑波兰的最惠国待遇。① 波兰是最早从这种"区分"(differentiation)政策中获得援助的国家,而这一政策思想延续到冷战结束,约翰逊政府的"搭桥"政策让波兰成为美国对东欧国家进行区分的主要关注对象,给予了波兰大量好处。之后,区分政策成为美国对东欧的官方政策并为美波特殊关系奠定了基础。②

第二次危机发生在 1970 年 12 月。1956 年波匈事件后,哥穆尔卡(Wladyslaw Gomulka)重返政坛并掌权 14 年之久。在此期间,波兰在政治经济体制上进行了改革,强化了统一农民党和民主党的执政同盟,赋予了地方政府和企业一定自治权,调和了国内各阶级关系及共产党政权与教会之间的矛盾。在外交上,波兰缓和了同苏联的关系,并在国际舞台上争取发挥更大的、独立的作

---

① 《美国对外关系文件集(1955—1957)》第 25 卷,第 635 页。转引自石斌:《波匈事件与美国对苏东"演变"战略的定型》。
② Gregory F. Domber, "Supporting the Revolution: America, Democracy, and the End of the Cold War in Poland,1981 - 1989," PhD Thesis, The George Washington University, 2008, p.94.

用,比如 1958 年 2 月波兰外长腊帕茨基(Adam Rapacki)在第 12 届联合国大会上针对中欧无核区的"腊帕茨基倡议"和 1960 年 9 月哥穆尔卡亲自率队在第 15 届联合国大会上就停止军备竞赛和限制核武器议题的"哥穆尔卡计划"。[①]

然而,由于在经济发展过程中过分追求高指标和高速度,国民经济的比例关系遭到破坏,在 50 年代后期经历了一段时间的经济增长后,波兰经济状况变得愈发困难,经济结构不平衡和农业减产不断加剧。到 60 年代后期,工人实际工资的增长率和生活水平不断下降,直至完全停顿,然而各项支出却不断增加。哥穆尔卡时代后期已然失去了之前的光彩,如有波兰经济学家指出:"60 年代的经济遭到挫折的根源在于没有采取一贯的政策进行经济改革。由于保守势力不断施加压力……经济政策中出现过的建设性因素失去势头,导致经营效果下降,这就

---

① 刘祖熙、刘邦义:《波兰战后的三次危机》,第 112 页;王逸舟、苏绍智:《波兰危机》,第 131 页。

是1970年12月沿海地区悲剧性事件的根本因素。"①

1970年12月13日,波兰《人民论坛报》公布了包括45种商品在内的涨价决定,这引起了对物价不满已久的各界人士的不满。次日,也就是哥穆尔卡主持统一工人党第五届六中全会召开时,格但斯克爆发了大规模罢工与示威游行。游行很快导致了暴力事件,政府动用了装甲车和坦克与工人对峙,造成了数人死亡、数百人受伤的恶性结果。最终哥穆尔卡被迫辞职,盖莱克(Edward Gierek)任党中央第一书记。

1970年的危机不仅让瓦文萨在当时的罢工委员会中崭露头角,也向外界传递出了一个信息:苏联能够容忍波兰所发生的、在苏联国内无法容忍的抗议运动。也如一位资深外交官所言:波兰已经发展出了一套"消极民主"制度。②

---

① M. 米夏克:《波兰经济发展的光明面与黑暗面》,转引自王逸舟、苏绍智:《波兰危机》,第139页。
② P. Osnos, "The Polish Road to Communism," *Foreign Affairs*, Vol. 56, No.1(1977), p.209.

罢工发生后,在国家安全委员会中负责外交事务的索南菲尔德(Helmut Sonnenfeldt)和基辛格(Henry Kissinger)等人迅速对盖莱克及苏波关系的走向做出评估,他们认为盖莱克不同于哥穆尔卡,他不认为波兰的安全完全依赖对苏联的绝对忠诚,虽然他不愿与苏联发生冲突,但国家间的不同利益必然导致苏波关系产生间隙,届时这将成为他领导下的波兰保持独立地位的关键。[1] 这一特性将是美国进行将波兰置于区分政策的优先位置的重要依据。据此,美国力图通过经济因素使波兰逐步摆脱苏联的影响并最终引发其政治制度的变革。

也正如美国人预料的,盖莱克上台后积极深化与西方国家的关系,大量引进国外资金和技术,同时改善了与美国的关系,借助西方的支持让波兰进入高速发展阶段。从1970年开始,波兰就享受到利率及出口优惠,在美国

---

[1] Memorandum From Helmut Sonnenfeldt of the National Security Council Staff to the President's Assistant for National Security Affairs (Kissinger)1, *FRUS*, 1969-1976, Volume XXIX, pp.366-367.

水域捕鱼限额的放宽,并与美国和西欧国家之间大量的文化和科技协议。这一有利的国际市场的行情和优惠的外国贷款在 70 年代初极大刺激了波兰经济的迅猛发展。①

但盖莱克激进的经济政策也为 1976 年乃至 1980 年爆发的危机埋下了隐患。一方面,在技术革命和工业生产上的大量投资依赖资本主义国家的短期和长期贷款。由于当时东西方和解,国际市场的有利行情能够让波兰毫无顾忌地向世界金融市场敞开大门,而一旦国际市场出现变化,波兰又缺乏偿付能力,其发展纲领就无法实现。②

在 1976 年第三次危机爆发前夜,波兰和西方国家的贸易逆差已经达到了 26 亿美元,在经济发展上缺乏市场规制,中央计划经济也没能有效控制发展不均衡的问题。③另一方面,哥穆尔卡和盖莱克对国民教育和公民意识的长

---

① 吕香芝:《打开缺口:美国对波兰政策研究(1980—1989)》,陕西师范大学博士学位论文,2013 年,第 48 页。
② 刘祖熙:《波兰通史》,第 521 页。
③ Bennett Krovig, *Of Walls and Bridges: The United States & Eastern Europe*, pp.254 - 255.

期关注让波兰社会产生了一大批具有公共关怀的知识分子和数量庞大的报刊发行商。① 由于对工资和地位待遇的不满,知识分子们凭借媒体扩大其影响,并在其后的几次危机和波兰剧变中同工人群体一同发挥了巨大作用。②

---

① 从 1960 年开始,波兰就开始大范围兴建大学,至 1970—1971 学年度,大学生人数增至 330800 人,每万名居民中就有 100 个大学生,而战前的统计大学生数量占居民比例只有万分之 14.4。报刊和书籍在 1970 年突破了 23 亿份,民族统一阵线提出了"建国一千年,建立一千所学校"的活动,要"让波兰成为人人受教育的国家"。参见刘祖熙:《波兰通史》,第 512 页。
② 有学者认为团结工会的胜利是工人和知识分子群体前所未有的合作的结果。A. W. Tymowski, "Workers vs. Intellectuals in Solidarnosc," *TELOS*, No. 90 (1991), pp. 157 – 174;关于知识分子在 1976 年保卫工人委员会和 1980 年团结工会建立中的作用,学术界存在争论,传统观点认为团结工会组织及其理念的产生源于对政府持有异议的知识分子从 1976 年开始的有意识的努力。而也有学者指出团结工会主要是工人阶级自身奋斗的成果,知识分子只起到了附属作用。参见 Karabel J., "The Origins of Solidarity: Workers, Intellectuals, and the Making of an Oppositional Movement," *Institute for Research on Labor & Employment Working Paper*, Vol.29. No.1(1992), pp.96 – 112.; Roman Laba, *The Roots of Solidarity: A Political Sociology of Poland's Working-Class Democratization* (Princeton: Princeton University Press, 1991); Timothy Garton Ash, *The Polish Revolution*; Walter Raymond, Jr., "Poland—The Road to 1989," *The Polish Review*, Vol. 44, No. 4 (1999), pp. 397 – 400.

1976年，日益恶化的经济形势和连年旱涝使政府无法再对农产品进行补贴。同时，国际市场中通货膨胀加剧、石油涨价以及西方国家纷纷开始实行关税保护政策都影响了波兰的经济，高达170亿美元的巨额外债和波兰孱弱的还债能力共同阻断了波兰持续性增长的趋势。于是，在1976年6月25日清晨，腊姆多市瓦尔泰尔机械厂的工人举行了罢工，2000多名工人走上街头并号召其他工厂的工人一同参与游行，他们包围了省委大楼，要求省委书记向中央转达撤销涨价的要求。下午，示威人群与警察发生冲突，省委大楼被烧，2人死亡。抗议很快演变成了全国性的运动，在华沙郊区的乌尔苏斯拖拉机厂和普沃茨克-马佐维茨基化工厂等地分别爆发了大规模群众示威运动。[①] 为了避免事态继续扩大，6月25日当晚，统一工人党宣布撤销涨价的决定。虽然波兰政府在此次事件中反应迅速，但却没能从中吸取经验，反而试图

---

① 刘祖熙：《波兰通史》，第528页。

通过国家宣传机器的政治口号掩盖当时恶劣的社会关系和经济环境,错过了弥补政策失误和缓解危机的时机,也导致从1976年末开始,危机不仅没有得到平息反而激起了社会持续性动荡。

这次事件深刻打击了统一工人党的执政合法性,成为了团结工会出现之前最重要的反抗事件,尽管政府在之后的几年尽力想抹去这段历史,但当局愈试图掩盖,工人们的记忆就愈发深刻。[1] 其间,反对派趁势崛起,前文提到的保卫工人委员会就是其中影响最为深远的一个,其核心人物包括长期反对波兰当局的知识分子亚采克·库龙(Jacek Kuroń)、亚当·米奇尼克(Adam Michnik)、安杰耶夫斯基等,他们在80年代的反抗运动中也成为团结工会的代言人和积极分子。1978年在格但斯克等抗议氛围最浓烈的城市里出现了自由工会组织,其领导人正是瓦文萨。

---

[1] Timothy Garton Ash, *The Polish Revolution*, p.14.

此时，美波关系也因波兰内政的动荡而发生了微妙的变化。一方面，美国继续对波兰政府进行经济上的援助，鼓励银行为波兰提供不带附加条件的贷款，期望以此能够推动波兰政治自由化趋势。卡特总统在1977年底访问波兰，允诺为波兰提供信贷和粮食补助以弥补波兰出现的谷物短缺的问题。在接下来的一年里，波兰从美国商品信贷公司（Commodity Credit Corporation）获得了4亿美元的贷款，1979年，商品信贷公司又为波兰政府提供了2亿美元的直接贷款和3亿美元的贷款担保，至1980年，贷款规模已经达到6.8亿美元。[1] 这些援助的动因是白宫担心社会动荡危及盖莱克的统治基础，而对美国而言，盖莱克这个"修正主义"政权的延续有利于东欧自由化进程。另一方面，美国政府与社会开始私下与波兰的反对派秘密接触，希冀通过对其支持以催化波

---

[1] Jerry F. Hough, *The Polish Crisis: American Policy Options: A Staff Paper* (Washington DC: Brookings Institution Press, 1982), p.16.

兰政治变革进程。当时波兰反对派的主张恰与卡特推崇的意识形态颇为相似,美国也借此对波兰的反对派报以相当的关注。1977年3月,一些波兰人策划了"保卫人权与公民权运动",这是战后波兰国内第一次以要求保障在《赫尔辛基最后文件》中规定的人权和公民权不应受侵害为目的的运动,它同卡特在同年演讲中所主张的"美国对国际人权负有义务,人权是美国对外政策的基本准则"的口号遥相呼应。① 以"人权"为思想核心的工人运动为美国及其他西方国家的秘密支持提供了理论依据,波兰史学家分析道:和保卫工人委员会等反对组织一样,这些反对政府的联合会旨在推翻人民政权,恢复资产阶级国家的统治,他们都与西方国家有联系并从中获得财政援助。②

---

① 这一宣言来自卡特在圣母大学的演讲。参见 American Department of State Bulletin, June 13, 1977. Robert M. Gates, *From the Shadows: The Ultimate Insider's Story of Five Presidents and How They Won the Cold War* (New York: Simon & Schuster, 1996), p.161.
② 刘祖熙、刘邦义:《波兰战后的三次危机》,第154页。

值得注意的是,教会在这次危机中作为一股强有力的政治势力介入其中,这是它在之后团结工会事件中深度介入的先例。波兰是一个天主教色彩强烈的国家,天主教会在 1950 年与共产党政权和解,保留了大量自治权并对社会产生巨大影响。① 1978 年波兰裔主教沃伊蒂瓦(Karol Józef Wojtyła)被选为教皇保罗二世(Pope John Paul Ⅱ),教会在波兰政治生活中的地位便突然变得极富权威。虽然盖莱克时期政府与教会及梵蒂冈的关系回暖,但当危机爆发时,教会毫不犹豫地对其支持工人与人权的立场进行了鲜明的表态。在波兰广受人尊敬的红衣主教维辛斯基(Stefan Wyszynski)在罢工后声援工人道:

---

① 由波兰天主教会代表和政府代表组成的混合委员会于 1950 年达成协议,教会在获得部分自治权和保留较完整教义与信仰的条件下同意不再反对共产党政权并致力于社会各团体的和解。关于教会财产的问题在 1956 年也得到初步解决,但这些努力并未改变天主教会、梵蒂冈教廷对共产党政权的敌视。参见 Marian S. Mazgaj, *Church and State in Communist Poland: A History, 1944 - 1989* (Jefferson: McFarland & Company, 2010), pp.37 - 40. 耶日·卢科瓦斯基、赫伯特·扎瓦德斯基:《波兰史》(常程译),上海:东方出版中心,2011 年,第 270—276 页。

"国家的责任就是照顾好它的人民,国家应当保证人民自由生活的权利。"[1]1979年6月,保罗二世访问波兰,虽然统一工人党将这次访问解释为梵蒂冈教廷对其政权的支持,但显然教皇在当时已经成为波兰国家身份和认同的象征,成为其他政治实体难以企及的精神领袖。[2] 这次访问为民众营造了一种有利于反对派的社会氛围:波兰的政治与宗教被附上了一种神秘的关联,即波兰的教皇能够带来政治和宗教上的自由的希望,从而将教皇的形象与政治变革紧紧联系在了一起。[3] 因此,与1970年相比,教会在1976年的参与更为直接和具体,教士们甚至在工厂里布置了圣坛和十字架,试图攫取波兰共党组织在基层失去的阵地,以扩大自己的影响。[4]

---

[1] Marian S. Mazgaj, *Church and State in Communist Poland*, p.119.
[2] Marian S. Mazgaj, *Church and State in Communist Poland*, p.122.
[3] Mirella W. Eberts, "The Roman Catholic Church and Democracy in Poland," *Europe-Asia Studies*, Vol.50, No.5(1998), pp.817-842.
[4] [南]米利伏耶维奇:《波兰在十字路口》(王洛林、寇滨译),北京:世界知识出版社,1981年,第146页。

从1956年开始,波兰的每次危机都伴随着美波关系的转折,波匈事件让美国认识到了激变政策的内在矛盾和东欧问题的复杂性;1970年的12月事件成为美波关系缓和、波兰凭借外债高速发展的起点;而1976年6月爆发的危机则成为1980年波兰危机的先导,美波关系在明面上继续保持良好的政治互动和经济往来,但私底下美国政府与社会已经开始了对波兰政治反对派的关注。如果说在1976年危机伊始还因顾忌苏联的反应只有零星讨论的话,到1979年,还未当选总统的里根(Ronald Reagan)和刚刚担任劳联—产联主席的柯克兰德(Lane Kirkland)就已经对与教会建立秘密联系以对抗波兰当局和隐蔽支持波兰反对派产生了浓厚兴趣,对波隐蔽行动最原始的设想已经初步成型。[1]

---

[1] Peter Schweizer, *Reagan's War: The Epic Story of His Forty Year Struggle and Final Triumph over Communism* (New York: Doubleday, 2002), p.104; J. M. Shevis, "The AFL-CIO and Poland's Solidarity," *World Affairs*, Vol.144, No.1(1981), pp.31-35.

二、团结工会的进攻

1976年后波兰动荡的社会局势和起伏不定的经济状况持续到了1980年,此时的经济危机令波兰政府的运作难以为继。7月1日,无力通过补贴维持物价的政府不得不宣布大幅调高肉类价格,这一政策激起了对政府本就不满的工人的强烈反应,抗议和罢工再次在全国范围内爆发。8月,格但斯克的列宁造船厂一万多名工人举行罢工,抗议政府的经济政策。此时,罢工诉求发生了质变,其关注点从经济转向了更为广泛的、包括政治权利在内的诸多社会目标,以莱赫·瓦文萨为首的反对派开始将不同类型、不同地区的社会不满者积极组织起来。

8月17日,一个囊括了不同城市(主要在格但斯克、格丁尼亚和索波特三个沿海城市)总计21个工厂的厂际罢工委员会在瓦文萨的领导下建立了起来,他们号召进行总罢工并向政府提出了包含保障罢工权利、释放所有政治犯、保障言论自由和出版自由在内的 21 项要求。①反对派的运动被有组织地整合了起来,他们构建了能够避开政府监管的地下通信网络。即使政府切断了其电话通信设备,这些独立的反对团体也能迅速找到替代品并有效地将信息发布出去。② 9 月,由罢工导致的成立独立自治组织运动扩张到了其他社会阶层,在当月格但斯克市的波兰艺术电影节期间,电影工作者宣布成立电影艺术工作者独立工会;格但斯克的各大高校也相继组建了波兰大学生独立联合会,知识分子、文化机关和学生群体的潜在抗议活动让波兰领导人非常不安。③

宗教势力、知识分子和学生的加入让罢工运动发展

---

① 沈志华主编:《苏联历史档案选编》(第 33 卷),北京:社会科学文献出版社,2002 年,第 527 页。
② Jack M. Bloom, *Seeing Through the Eyes of the Polish Revolution: Solidarity and the Struggle against Communism in Poland* (Boston: Brill, 2014), p.146.
③ 沈志华主编:《苏联历史档案选编》(第 33 卷),第 535 页。

到顶峰,很快,苏联与西方国家对此展开了角力。7月底,媒体报道了盖莱克与勃列日涅夫(Leonid Brezhnev)在克里米亚会晤:"双方相互通报了本国情况与共同致力解决的问题。"不久之后,塔斯社宣布华约军队将在波罗的海沿岸举行军事演习,并谴责西方媒体舆论正起着"赤裸裸的教唆作用"。[1]勃列日涅夫随即建立了特别委员会负责波兰问题,要求加强苏联北方集团军——这只驻扎在波兰的苏联军队被许多波兰人视作苏联军事控制波兰的政治标志——的战备等级,派出军舰对波兰港口进行"友好"访问。[2] 而美国方面也反应果断,在1980年初,美国的政策研究委员会和特别协调委员会就已经制定了对波兰秘密援助的政策;到8月,随着波兰形势的紧迫,时任国家安全事务助理的布热津斯基要求卡特总统分别给英国首相撒切尔夫人(Margaret Thatcher)、法国德斯坦总统(Valery Giscard d'Estaing)、德国施密特总理

---

[1] 王逸舟、苏绍智:《波兰危机》,第309—310页。
[2] Peter Schweizer,*Reagan's War*,p.172.

(Helmut Schmidt)和教皇致函以强调美国对波兰局势的关注,同时建议西方各国制定一项对波兰的共同政策与预防苏联入侵的应急预案。①

不过事件到了8月底有了转机,施密特和德斯坦分别表达了希望能够和平解决波兰危机的看法,德国和美国还准备进一步为波兰提供经济援助以稳定局势。28日,勃列日涅夫在哈萨克斯坦成立60周年大会上也暗示了苏联不会侵占任何国家的土地、不会干涉其他国家内政。②

9月3日,以波兰副总统为首的政府代表与瓦文萨等罢工委员会代表在格但斯克签订了"格但斯克协议":政府承认团结工会为独立的工会,不受党和政府的领导,罢工工人承认波兰统一工人党在国家中的领导地位,尊重波兰人民共和国宪法;保证罢工的权利和援助罢工者

---

① [美]布热津斯基:《实力与原则》(邱应觉等译),北京:世界知识出版社,1985年,第526页。
② 王逸舟、苏绍智:《波兰危机》,第310页。

的人身安全;尊重宪法保证的言论自由、办报和出版自由,不禁止独立办报,使宣传工具为持各种信仰人士所共有。①

这份"格但斯克协议"不仅让工人的要求基本得到满足,还给波兰社会的舆论场打开了缺口,教会表示"对目前波兰的社会政治转型保持积极看法",②而知识分子和媒体人也踊跃配合工人参与到社会变革运动之中。9月,波兰政府组建了总理平科夫斯基(Józef Pińkowski)领导的"经济改革委员会",试图缓解国内经济危机及其带来的政治冲击。10月,统一工人党中央委员会在4日、5日、6日连续三天进行了马拉松式的长时间会议和讨论,以应对"波兰人民共和国历史上最严重的危机"③。

---

① 刘祖熙:《波兰通史》,第532页。
② Edward Wynot D. Jr., "Captive Faith: The Polish Orthodox Church, 1945 - 1989," *East European Quarterly*, Vol. 36. No. 3 (2002), pp.323 - 340.
③ 卡尼亚在代表政治局对中央委员会的报告开头即说道:1980年的危机是波兰人民共和国历史上最严重的。参见米利伏耶维奇:《波兰在十字路口》,第170页。

11月,团结工会经过批准得以成立,瓦文萨任主席,政治局势在团结工会的猛烈攻势下再次变得不安:团结工会成立后,迅速在波兰境内形成对统一工人党的挑战,超过三分之一的党员退党,大量党员转而加入团结工会与当局对抗,不到一年的时间,团结工会成员就囊括了全国80%以上的工人,总人数猛增到一千万人,这几乎是当时波兰人口的四分之一。

为了稳定动荡不安的国内政治局势和恢复几乎停转的社会生产部门,波兰政府内部也开始进行人事调整以应对外部冲击。在1981年的九届一中全会中,没能处理好危机的盖莱克等人被开除出党,长期从事公安和军事工作的卡尼亚(Stanisław Kania)被任命为第一书记,同时雅鲁泽尔斯基大将也进入最高决策层。

从1981年初开始,波兰国内各方就开始致力于和平解决经济困难导致的社会矛盾。2月10日,刚刚接替了平科夫斯基总理一职的雅鲁泽尔斯基在统一工人党中央全会上的讲话道出了苏联压力的增加和军事干预的可能性,并且暗示了苏联已经考虑将戒严令作为平息骚乱的最终手段。这一讲话给统一工人党造成了巨大冲击,他们开始思考与团结工会和解并呼吁给社会一段时间安稳过渡。实际上当时的团结工会很大程度上接受了政府的呼吁,他们决定暂停罢工活动90天以回应雅鲁泽尔斯基和波兰新政府的变化。

但是由于团结工会内部成员结构的变化和行动激进化,统一工人党保守势力的实力增长,以及工人群体和社会阶层对局势变化的反应迟钝,波兰社会局势在3月底又一次陷入混乱。恰如拉科夫斯基(Leszek Kołakowski)后来回忆道:在1980年到1981年之交,无论是团结工会的头面人物还是党的领导层,对两种势力应当以何种方式和平相处都没有形成确切的看法。[①] 这也是导致波兰国内协商在起起伏伏中最终失败、走向军事管制悲剧的原因。

---

① [波兰]米·弗·拉科夫斯基:《波兰剧变是怎样发生的》(郭增麟等译),北京:世界知识出版社,1992年,第9页。

平静没能持续太久。3月28日,团结工会在全国范围内开展了长达四小时的总罢工预演,作为要求改善工人待遇、释放政治犯的威胁,而此时波兰领空也因"技术原因"而关闭,国内气氛再次紧张。苏联随即在波兰边境进行了代号为"S18"的陆海军联合军事演习,这是苏联历史上规模最大的军事演习之一,许多情报人员认为这是苏联即将武装干预波兰内政的前奏。不过,美国情报部门事后从效忠于中央情报局的波兰军官库克林斯基(Ryszard Kuklinski)的报告中意识到,以卡尼亚和雅鲁泽尔斯基为首的波兰官员和苏联人在28日当晚于华沙曾讨论过戒严令的问题,但波兰领导人最终拒绝了苏联进行军事管制的要求,不过也做出了部分妥协——除非局势彻底失控,否则波兰政府不考虑要求苏联军事上的支援。①

总罢工的威胁持续到4月,波兰政府得知团结工会

---

① Robert M. Gates, *From the Shadows*, pp.230-232.

中的"极端分子"已经准备与政府发生武装对抗,计划摧毁共产党的办公大楼。为了防止局势彻底失控导致苏联的干预,卡尼亚不得不向教会求助,希望天主教会和罗马教廷能够从中调停。在教皇的要求和波兰领导人的劝说下,维辛斯基前往与瓦文萨和其他团结工会领导人谈判,希望他们能够彻底取消总罢工的计划,后者干脆地拒绝了他。此时,这位84岁的主教拖着年迈的身躯在瓦文萨面前跪了下来,坚持要团结工会放弃总罢工的安排。[1]这次团结工会退却了,瓦文萨无法拒绝德高望重的维辛斯基的请求,团结工会和波兰政府的和解之路似乎又能看到曙光。一个月后,维辛斯基去世,格莱姆普大主教(Cardinal Glemp)接替了他的位置,但不及维辛斯基影响力的他没能继续让教会再担任工会和政府间的调解角色。

事态发展并不遂人愿。7月,伴随着抗议和罢工召

---

[1] Robert M. Gates, *From the Shadows*, p.233.

开的统一工人党第九次特别代表大会是波兰党内革新派和保守派交锋最为激烈的一次,虽然最后选出的中央委员相较于此前更具有改革色彩,但从那时起,许多中央委员的言论也愈发具有攻击性,他们指责政府对团结工会的政策缺乏攻势。值得一提的是,这次会议宣布了共产党党员身份与宗教信仰之间不构成矛盾,允许党员拥有宗教信仰。随即,超过75%的党员加入了天主教会,执政党内部对政权的认可和向心力受到了侵蚀。①

到1981年秋,随着苏联方面的压力增大,尤其是勃列日涅夫对波兰局势的失望,波兰党内对采取战时状态进行军事管制的要求也愈发强烈。② 中情局情报显示:

---

① 段德智主编:《境外宗教渗透与苏东剧变研究》,北京:人民出版社,2015年,第256页。

② 从1980年底开始,苏联一改此前对波兰局势的乐观态度,加大了对波党的压力。1980年12月,波兰领导人在莫斯科遭到了苏联及其他苏东阵营盟友的批评,他们多次要求波党采取强硬手段抓捕团结工会领导人和其他反对派。1981年,华约联合武装司令库利科夫(Viktor Kulikov)和苏联驻波大使阿雷斯托夫(Boris Aristov)多次会见雅鲁泽尔斯基要求进行军事管制以稳定局势,到6月时,雅鲁泽尔斯基已经基本确信苏联即将对波兰进行军事干预,从而坚定了他以军事管制避

苏联已经意识到了波兰军队内部对团结工会的同情心理，不过这并不会影响他们向波兰政权施压的决定。①雅鲁泽尔斯基的处境十分尴尬，一方面他要面对国内团结工会与党内保守派持续不断的抨击；另一方面则面临来自苏联和其他华约国家的军事干预威胁。要在两边保持脆弱的平衡在当时的局面下几乎是不可能的。

9月5日，团结工会也召开了第一次代表大会，这次大会修改了工会章程，通过了团结工会的《活动纲领》。纲领认为，现政权已无力履行自己对社会的义务和有效地进行活动。团结工会的成立是对波兰"行政当局的现有制度的抗议"，它"不只为生活条件而斗争，也为改善共

免苏联干预的决心。拉科夫斯基：《波兰剧变是怎样发生的》，第16—27页；Robert M. Gates, *From the Shadows*, p.234. Central Intelligence Agency, "The Soviet role in implementing martial law in Poland", available at：https://www.cia.gov/library/readingroom/document/cia-rdp84b00049r000200320013-6.

① Central Intelligence Agency, "Support for Solidarity", May 3, 1981, available at：https://www.cia.gov/library/readingroom/document/0000235373.

和国而斗争","使波兰成为自治的波兰"。① 这些诉求已经偏离了一年前"格但斯克协议"中较为温和的政治要求,明确公开地与波兰当局进行政治斗争。在9月26日到10月7日进行的团结工会全国代表大会上,瓦文萨温和的调解路线被团结工会内部的激进派推翻,他们不仅要求独立的自治权利、呼吁在华沙等地进行抗议游行,甚至要求建立一个超国境的纵跨东欧的自由工会组织。②

这显然已经远超苏联能够容忍的底线,10月,苏联一面向教会寻求调节局势的方法,一面要求雅鲁泽尔斯基采取主动攻势。③ 10月18日,坚持协商路线的卡尼亚宣布辞职,雅鲁泽尔斯基兼任党政军最高领导人。10月31日,雅鲁泽尔斯基成立了国民和解委员会,力图通过他、瓦文萨和教会代表格莱姆普三人的会晤解决危机。

---

① 吕香芝:《打开缺口:美国对波兰政策研究(1980—1989)》,第74页。
② Gregory F. Domber,"Supporting the Revolution," pp.30 - 31.
③ Central Intelligence Agency,"Divisions Within Solidarity", available at: https://www.cia.gov/library/readingroom/search/site/CIA - DI-VISIONS%20WITHIN%20SOLIDARITY.

11月各方进行了最后的和解尝试,政府在月初呼吁工人不要罢工,并警告如果这项呼吁无效,议会将授权政府采取应急措施,然而团结工会显然无视了这一要求。11月4日,雅鲁泽尔斯基、瓦文萨和格莱姆普的三人和解谈判在华沙进行,不过因为双方立场和要求相距甚远,谈判很快破裂。随后在11月17日举行的统一工人党与团结工会的对话也因要求悬殊而失败。12月3日,团结工会主席团在腊姆多(Radom)召开会议,一致认为是政府破坏了和解进程,决定坚持进行总罢工,但这一决议很快被波兰政府察觉。此后,局势开始失控,军事管控变得不可避免。

三、戒严令与隐蔽行动的开始

今天,根据库克林斯基的报告和波兰领导人的回忆录,我们已经能够大致梳理出1981年12月13日戒严令从准备到实施的具体日程:1981年9月短暂的平静后,波兰局势再次恶化。9月9日,库克林斯基向美国人汇报,指出波兰总参谋部将进行军事管制。25日,两份军管计划被提交到波兰领导人手中,两份计划都显示了苏联和其他华约国家可能会进行干预。10月7日,军事管制声明在苏联开始印制,不久之后,《真理报》刊登了苏联领导层严厉批判波兰局势发展的文章,文中暗示了采取军事措施平息动乱。10月中旬,勃列日涅夫和雅鲁泽尔斯基进行了多次气氛严肃的会谈,他不断要求波兰政府采取实质性的打压措施;另一方面,苏联领导层已经有意识地在波兰统一工人党内部扩大影响,敦促波兰高级官员对雅鲁泽尔斯基施压,迫使其实施军事管制。11月18日,苏联总参谋部的官员率领华约军官到访华沙,一同讨论军事管制文件所需的最后准备。但此时,雅鲁泽尔斯基依然不愿采取军事行动。①

团结工会第一次代表大会后,其行为愈发激进,包

---

① Robert M. Gates, *From the Shadows*, pp.234-236.

括库龙在内的多名领导人发表了暗示要武装夺权的言论。随着11月的多次暴力冲突和12月初罢工成员与军队的直接对抗,雅鲁泽尔斯基意识到国内许多地方已经开始冒火星,一旦有人采取"神经质"的过激行为,流血惨剧就会爆发。因此,除了采取休克式的行动别无他法。①

1981年12月9日,一架苏联重型运输机降落在华沙附近的军事基地,来访者正是华约司令库利科夫,和往常一样他抱怨波兰政府对反对派的态度过于软弱。而此时,库利科夫编制已久的旨在进行军事管制的"春季行动"(Operation Springtime)已经准备完成。② 11日晚,团结工会全国委员会在格但斯克列宁造船厂举行会议,决定在12月17日——1976年12月事件纪念日当天——在华沙宪法广场和格但斯克同时举行大规模示威

---

① 拉科夫斯基:《波兰剧变是怎样发生的》,第41页。
② Peter Schweizer, *Victory: The Reagan Administration's Secret Strategy That Hastened the Collapse of the Soviet Union* (New York: Atlantic Monthly Press, 1994), pp.67-68.

游行,然后夺取政权。团结工会的极端行为有可能置国家于彻底崩溃的境地,波兰局势危如累卵。①

12月12日,雅鲁泽尔斯基下发了关于执行戒严令的指令,其目的是为颁布戒严令做准备,抓捕并拘留团结工会领导人。从当晚11点30分开始,政府动员了包括摩托化警察部队和反间谍部门等准军事机构的25万部队人员,计划分为三个阶段执行:第一阶段为"杜鹃花"行动(Azalea),旨在通过军队与内务部的合作切断超过340万条电话专线和无线广播通讯;其后的"冷枫"行动(Fir)则要求军队接管地方指挥系统、掌控档案和印刷设备,并且抓捕、拘留超过6000名团结工会积极分子;最后"枫叶"行动(Maple)将行动的涉及面扩大至团结工会的二三线成员,对其进行约谈和警告。据统计,"枫叶"行动一共进行了6300次约谈,拘留了400余名拒不承认其行为的团结工会成员。

---

① 吕香芝:《打开缺口:美国对波兰政策研究(1980—1989)》,第76页。

行动持续了整夜,超过70%的拘捕目标被捕。[1] 12月13日早上6点,波兰政府通过电台发布了戒严令信息,雅鲁泽尔斯基向全国广播讲话,宣布国家进入"战时状态"。同日,波兰通讯社发布《关于实行战时状态以维护国家安全的公告》,宣布在战时状态期间未经政府允许不得召开会议、游行和示威;未经允许禁止散发出版物、文章、消息和文艺作品,也禁止使用任何印刷设备;除教会外暂停各个协会、工会的活动。[2]

这次行动基本摧毁了团结工会的领导结构,包括瓦文萨、库龙等大批团结工会领导人被捕,大量设备和物资也被没收,由于通讯中断、交通受限,残余的团结工会成员不得不转至地下或海外。

美国最初对戒严令的反应颇为吊诡——震惊且几无

---

[1] Andrzej Paczkowski, *From Solidarity to Martial Law: The Polish Crisis of 1980 - 1981: A Documentary History* (Budapest: Central European University Press), pp.34, 459, 460, 515.

[2] 刘祖熙:《波兰战后的三次危机》,第170页。

准备,其吊诡之处在于:虽然有大量档案和文献能够证明在军事管制开始之前美国方面就已经获得了关于波兰即将颁布戒严令和对团结工会进行强制措施的情报,但美国人似乎从未将军事管制和戒严令视作可能的结果,他们目光短浅地将重心放在了苏联潜在的军事干预上。① 实际上从 1980 年 12 月起,库克林斯基就已经给美国政府发去大批关于戒严令准备计划的文件,其中就包括军事演习和其他计划细节,但美国政府在长达数月的危机中似乎并没有给团结工会通风报信。② 同时,团结工会可能也从库克林斯基那得知了军管即将执行的消息,为此,团结工会提前取出了银行中的存款,并将大量资金偷偷转交教会管理。③

---

① Gregory F. Domber, "Supporting the Revolution," p.38.
② P. G. Lewis, "The long goodbye: Party rule and political change in Poland since martial law," *Journal of Communist Studies & Transition Politics*, Vol.6, No.1(1990), pp.24-48.
③ 但库克林斯基是否真正给团结工会泄露了军管的具体信息仍然存疑,团结工会成员批评他并没有将当局即将取缔团结工会、抓捕其领导人的信息公之于世,以便制止戒严令的颁布。而另一方面,有关他团结工

库克林斯基的报告给了美国方面充分而翔实的情报,但随着军事管制的临近,他本人也不得不准备逃离华沙,他的离去将致使美国情报部门在相当长的一段时间里失去在波兰搜集重要情报的能力,导致决策层在应对波兰军事管制时措手不及、行动迟缓。

在戒严令前一个月的 11 月 2 日,克格勃根据其探员在梵蒂冈得到的情报对波兰当局发出警告,称美国政府已经得到了军管的完整计划。同日,波兰副总参谋长紧急召集制订军管计划的几人开会,他称写有军管计划的、准备在 11 月 13 日给总参谋长西维茨基将军(Florian Siwicki)的演讲稿被泄露给了华盛顿,他执意要调查是谁

会之间的联系始终是高度隐秘的。除了德国学者 Rainer Thiel 在其博士论文中引用的一段访谈之外,尚无材料可以确切证明他们之间的联系。Rainer Thiel, *Nested Games of External Democracy Promotion: The United States and the Polish Liberalization 1980 - 1989* (Berlin: The Deutsche National Bibliothek, 2009), p.196; Zbigniew Brzezinski, *Power and Principle: Memoirs of the National Security Advisor 1977 - 1981* (New York: Farrar, Straus, Giroux), p.290. 郭增麟:《情报发自华沙》,北京:群众出版社,2001 年,第 56 页。

泄露了计划。此时库克林斯基察觉自己已经被怀疑,因为在那天的小型会议上那篇演讲稿正是出自库克林斯基之手。更重要的是,库克林斯基偷偷寄给华盛顿的原稿上有他擅自添加的内容——"动用何种武器",而这些内容在西维茨基审阅讲稿时因为超出了他的职权而被删去了。所以一旦活动在美国的波兰或苏联的情报人员把库克林斯基泄露的原稿发回华沙,与审阅后的讲稿两相核对,库克林斯基就将面临灭顶之灾。[①]

当天,库克林斯基向美国发去一份关于自己的情报,并告知对方自己的使命即将结束,不久他收到了中情局的"应急计划",敦促他赶快离开波兰。[②] 11月7日晚,参加完十月革命64周年纪念会的库克林斯基趁着散场时片刻的混乱,在散会人群的掩护下躲避了波兰政府的眼线,随后中情局的特务将他接往美国大使馆的别墅中,他

[①] 郭增麟:《情报发自华沙》,第32页。
[②] 吕香芝:《打开缺口:美国对波兰政策研究(1980—1989)》,第159页; Mark Kramer, "Colonel Kuklinski and the Polish Crisis, 1980-1981," *Cold War International History Project*, Bulletin No.11, pp. 54-55.

的家人已经提前被接送到那里等他了。次日,他和妻子、两个儿子逃离了波兰。①

由于戒严令实施前的12月12日前后,波兰上空厚厚的云层遮蔽了间谍卫星的视野,美国难以预估那几天波兰和苏联军队的调动情况。而在戒严开始后的一段时间里,则因为波兰政府切断了无线广播和电话通信,美国没能从波兰内部获得相关情报,对其局势更是知之甚少,意大利和日本等国家甚至与波兰境内的大使馆失去了联系。因此对于失去了库克林斯基作为眼线的美国政府而言,要做出全面的分析和评估并非易事。在军管之后几天里,少数几份从华沙传来的情报评估只是草率描述了戒严令之后波兰国内较为稳定的局势——几乎没有发生暴力事件,经济生产也逐步正常。显然,被切断通讯的使馆人员除了亲身体验之外无法获得更多的信息,而且这

---

① 郭增麟:《情报发自华沙》,第37页。

些信息也只是集中在他们所驻扎的华沙、克拉科夫和波兹南三个城市,并不能够有效描绘出当时波兰的全景。对于当时的里根政府而言,能够确认的一个关键信息就是苏联并没有直接参与到对团结工会的武装压制中。①

12月14日,中情局的情报仅大致描绘了军事管制的一些情况和粗略的被捕人数。他们认为波兰当局应该已经知道了团结工会即将进行静坐罢工的计划,为了防止此类集会可能导致的流血冲突甚至是内战的风险而采取军事管制维护社会稳定。此外,中情局判断瓦文萨不愿采取罢工与当局对抗,但他担心"妥协"可能损害他的威信。②

12月16日,中情局对波兰局势进行了首次全面评估,认为波兰政府虽然破坏了团结工会的组织结构,但它无力在未来阻止类似的地方组织再次出现,因此波兰政府有可能在某些地区使用武力镇压。选择性地使用武力

---

① Robert Farrand, Edric Sherman, "Poland Working Group Report", *Situation Report* No. 1 (December 13, 1981), available at: https://www.cia.gov/library/readingroom/document/cia-rdp84b00049r001002570009-3.

② Andrzej Paczkowski, *From Solidarity to Martial Law*, p.476.

不仅能够防止团结工会再次集结,也是预防苏联干预、保证政府对国家控制的标志。虽然在此前美国并未认真考虑过波兰政府执行戒严令的情况,但毫无疑问的是戒严令的颁布成为美波关系的转折点。①

---

① 关于美国为何在掌握大量情报的情况下依然没有对可能出现的军事管制和戒严令做充足的准备,一般有两种说法:一种说法认为与苏联的军事干预相比,波兰政府的军事管制是"较小的罪恶",如同国务卿黑格便持此种观点。当时负责东欧问题的东欧事务顾问理查德·派普斯在接受法国广播电台记者采访时说:"我们掌握了库克林斯基发来的信息。本来我们可以警告波兰当局、苏联当局关于采取军管措施将会造成的严重后果。但我们没有这样做,原因是美国大多数领导人认为,波兰自己实行军管比苏联入侵要好,也就是说,一旦苏联入侵,形势要严重得多。"雅鲁泽尔斯基自己也认为实行战时状态是不得不干的"较小的坏事",因为一旦局势失控、发生严重的骚乱,苏联领导人就会获得"如意"的借口进行干涉,届时波兰人必定会反抗,冲突会更为复杂和变得国际化。拉科夫斯基补充道:如果爆发了内战和军事干涉,那么世界舆论都会惊讶地质问雅鲁泽尔斯基为何不做这种"较小的坏事"、谴责他们毫无心肝地让波兰人流血。参见拉科夫斯基:《波兰剧变是怎样发生的》,第37—38、45页;雅鲁泽尔斯基:《雅鲁泽尔斯基选集1981—1987》(郭增麟等译),北京:人民出版社,1988年,第96页;吕香芝:《打开缺口:美国对波兰政策研究(1980—1989)》,第160—165页;Alexander Haig, *Caveat: Realism. Reagan and Foreign Policy* (New York: Macmilian Publishing Company, 1984)。

第一章 危险与机遇:波兰危机与美国的选择

它表明美国此前认为雅鲁泽尔斯基是一个"不会杀害波兰人的波兰人"、波兰局势"谨慎乐观"、团结工会和政府间的矛盾正在缓解的估计完全错误,[①]显示了美国希望以交流与援助推动其"民主化、自由化"改革方针的破产。因此,一直希冀以经济往来换取波兰内部改革的里根政

  另一种看法认为美国之所以没能做好应对是因为在情报评估上出了差错,其原因在于情报分析中过于冗长、繁杂的内容和情报机构破碎分散的组织模式制约了情报——尤其是来自库克林斯基的高质量情报能够有效、广泛地运用。这些因素最终导致了美国领导人没能够即时对波兰局势做出正确的判断,甚至在戒严令几天后才确认苏联军队没有直接干预波兰局势。时任助理国防部长的理查德·珀尔(Richard Perle)毫不客气地将戒严令之前的情报收集工作称作"集体失败"(collective failure)。这一看法的主要支持者是 MacEachin,参见 Doug MacEachin, *U.S. Intelligence and the Polish Crisis, 1980 - 1981* (Washington, D.C.: Center for the Study of Intelligence, 2000). "Memorandum from Lawrence Eagleburger to Secretary of State, General Wojciech Jaruzelski, December 16, 1981," in Andrzej Paczkowski, *From Solidarity to Martial Law*, pp.478 - 479.

① 雅鲁泽尔斯基曾经以"a Pole shall not kill a Pole."这句象征波兰民族认同的经典谚语作为其不会发动戒严令的保证。Doug MacEachin, *U.S. Intelligence and the Polish Crisis, 1980 -1981* (Washington, D.C.: Center for the Study of lntelligence, 2000), p.169. Jerzy Kloczowski, *A History of Polish Christianity* (Cambridge: Cambridge University Press, 2000).

府震惊于戒严令的颁布,双边关系迅速恶化。据派普斯回忆,在不久前才同意给波兰提供1亿美元紧急经济援助的里根对戒严令的表现得极为震怒:"我们必须猛烈地敲打他们、拯救团结工会。"①

不久,里根和几个亲信紧急讨论了波兰事件并达成了一个共识:必须向华沙和莫斯科发出强烈的信号以表达美国的愤怒。② 除了共识之外,这个小型会议还第一次正式讨论了里根时期的对波隐蔽行动计划。派普斯当时问了几个问题:如何才能做一些具有前瞻性的事情?如何秘密支持团结工会以确保其能够度过这个残酷的政治严冬?③ 黑格被派普斯这一"激进的"提议吓到了,他认为这种行动太过疯狂、不可能成功而且苏联人将不会

---

① Peter Schweizer, *Reagan's War*, pp.165 - 166.
② 这次会议十分隐秘,以致国家安全委员会的大多数成员都被排除在外。据派普斯回忆当时只有副总统布什、威廉·克拉克、国务卿黑格、温伯格、埃德·米斯、中情局局长威廉·凯西和派普斯本人参加了会议。
③ Peter Schweizer, *Victory*, p.69.

容忍他们的计划。他沮丧地说道:"团结工会已经不在了。"这里体现了黑格和派普斯两人对苏东问题和盟友地位看法的分歧,与派普斯不同,黑格从始至终一直保持着谨慎、务实的看法,并且认为美国的行动需要与西方盟友保持一致,应当避免激怒苏联或对团结工会许下不切实际的承诺。这导致80年代初期美国政府内部政策制定过程中屡屡产生分歧和矛盾,也是导致黑格最终辞职的原因。

派普斯并非不知隐蔽行动的风险,实际上在里根上台前,美国已经在远离波兰核心地带的边缘地区采取了少量隐蔽行动。1980年,布热津斯基在离职前曾向教皇保罗二世告知了美国隐蔽行动的机制、人力和其他资源以希望能与教廷在波兰问题上进行合作。[1] 同时,得知劳联—产联在对团结工会进行隐蔽资助的布热津斯基也想让总统介入此事,但当时的卡特总统听取了国务卿马

---

[1] William J. Daugherty, *Executive Secrets*, p.188.

斯基的建议,极力向苏联撇清美国政府与类似隐蔽行动的关系。

而早在1981年3月31日的跨部门会议上,主管政治军事事务的理查德·伯特(Richard Burt)也考虑过隐蔽行动在波兰的应用,但当时在考虑波兰危机的长期应对方案时,参会各方仅仅将隐蔽行动置于所有选择的最末项。[①] 执行隐蔽行动的主要部门——中情局对此也抱以消极态度,上台前对中情局职能设置和行动效率始终不满的局长威廉·凯西(William J. Casey)对此一直谨小慎微,担心中情局介入隐蔽行动可能会把事态搞砸。他告诉时任国防部长卡斯帕·温伯格(Caspar Willard Weinberger),在苏联入侵波兰之前采取行动必将为美国招致危险。也因此,在波兰进行军事管制之前,美国从未

---

① Acting National Intelligence Office for USSR‑EE, "Interagency Group Meeting on Poland‑31 March 1981", Memorandum (March 1981) available at: https://www.cia.gov/library/readingroom/document/cia‑rdp84b00049r000601530012‑9.

对隐蔽行动有过认真的考虑。①

然而现在,里根及其新保守主义幕僚们发现波兰实行军管是一个能够协助他们对抗苏联影响力,甚至改变世界政治格局的机会。团结工会在此被视为摧毁共产主义阵营的一个楔子、一次改变冷战格局的契机,里根决心要帮助团结工会度过这个凛冽的政治严冬。尽管在此前决策层对是否协助、如何协助团结工会的问题争论不已,但里根早已沉浸在"自由世界的十字军东征"的幻想中,踌躇满志、整装待发。这位曾经想象着自己在与勃列日涅夫面前轻蔑地说出"Nyet"的"屠龙勇士"此刻感觉自己犹如富兰克林·罗斯福对抗法西斯时那样,他模仿着罗斯福的语气说道:"这是一个转折点,如果盟友不跟随我们,那么我们就独自前行。"②使命感和愤怒推动着里根决心单方面对波兰和苏联进行制裁和惩罚。

---

① Robert M. Gates, *From the Shadows*, p.237.
② Gregory F. Domber, "Supporting the Revolution," p.83.

在里根的鼓舞下,决心对波兰实行强硬政策的派普斯、温伯格、凯西等人最终在政府内部的分歧与争论中占据了上风,他们要求对莫斯科进行强烈的警告并在对波兰采取经济制裁的同时秘密支持团结工会以保证其生存。不久,派普斯曾提及的"具有前瞻性"的隐蔽行动便被列入核心讨论范畴。

随着此前12月4日里根签署通过的第12333号行政令(EO12333)《美国情报行动》中确立的以总统和国家安全委员会为核心的组织体系的确立——对包括隐蔽行动在内的情报活动任务进行审查和指导,作为总统和国家安全委员会主要顾问的中情局局长直接负责、确保各情报组织间的协商和隐蔽行动的执行。[①] 他们很快制定了以凯西和温伯格分别领导秘密援助团结工会与秘密经济制裁波兰政府的隐蔽战略,前者负责搜集情报、为团结

---

① Ronald Reagan, Executive Order - 12333: United States Intelligence Activities, Dec. 4, 1981, available at: https://fas.org/irp/offdocs/eo12333.htm.

工会提供秘密支持,后者则负责设计一套战略以拖垮波兰的国内经济。

至此,由里根领导、凯西操刀、威廉·克拉克(William P. Clark Jr.)进行修正的旨在以隐蔽手段对团结工会的活动进行资金、情报和后勤支持并确保反对派能够在苏东地区生存的隐蔽行动组织领导网络诞生了,它还得到了国家安全委员会众多成员,如约翰·波因德克斯特(John Poindexter)、派普斯,和罗伯特·麦克法兰(Robert McFarlane)等关键军方人物的支持,这套班底一直合作到伊朗门事件爆发和波兰政府取消戒严令的1987年。而在这六年多时间里,这一最初不被人看好的"攻势战略"则成为有史以来最成功的隐蔽行动之一。[1]

即便从后世的眼光看来,这个行动如此"成功"以至于极大地推动了冷战的进程,它的起步和制定则经历了复杂、漫长且激烈的争论。

---

[1] William J. Daugherty, *Executive Secrets*, p.194.

II

第二章

缓慢的启动：里根对波兰政策的形成

接替凯西任中情局局长的罗伯特·盖茨（Robert M. Gates）在冷战结束后回忆到：1981年对于美国而言可谓多事之秋——新总统上台，里根推行税制削减和国防建设立法，有人试图刺杀总统，有人试图刺杀教皇，有人试图刺杀萨达特（Mohamed Anwar el-Sadat）。以色列轰炸了奥希拉克（Osirak）的核设施并与利比亚发生冲突，两伊战争也揭开序幕，等等。但任何外交事件都不及波兰危机那样耗费了美国政府如此多的时间和精力，从里根就任到圣诞节，这件事情一直是美国外交的主题。任何外交事件也都不及波兰危机那样对未来产生如此重大的影响。①

戒严令引发的愤怒渐渐淡去，随着从驻外使馆、情报部门和以色列等盟国获得的信息越来越多，冷静下来的里根政府开始着手集中讨论、制定对波政策。然而这一政策的形成过程却充满了分歧：黑格领导的国务院始终

---

① Robert M. Gates, *From the Shadows*, p.239.

反对强硬派主张的严厉制裁和无视盟友态度的单边政策,派普斯和凯西等人主张以对波兰和苏联展开全方面的攻势并对波实行隐蔽行动保证团结工会的生存,布什却对凯西和里根中意的隐蔽行动持悲观态度,商务部对经济制裁政策困难带来的后果忧心忡忡,舒尔茨则希望从两个对立的立场中寻求一个务实的外交路线……

里根消极却正面的性格让他成为一个很能带动情绪的优秀演员,但在面对一系列错综复杂的矛盾与难以预料的局势时,他所构想的充满新保守主义色彩的战略实际上很难付诸实践。同时为了平衡各个部门之间的主张和利益纠葛(当然这也和他的任人唯亲和选前承诺有关),里根的政策有时也不得不做出一些妥协。另一方面,中情局一开始对波兰的隐蔽行动并不重视,以至于在1982年上半年之前没有对波兰采取实质性的行动。[1] 因

---

[1] 根据盖茨的回忆,他认为在1982年下半年之前中情局没有开展真正的工作。直到克拉克担任国家安全顾问后,他才询问凯西是否能够对团结工会进行"温和的支持"以迫使波兰政府改变国内政策。但即便是9月初凯西和克拉克就此事进行讨论之后,凯西本人也没有对隐蔽行动多做关注。Robert M. Gates, *From the Shadows*, p.238.

此,里根那充满豪言壮语又自相矛盾的"自由民主大战略"和中情局主导的瞻前顾后的隐蔽行动在一片嘈杂声中缓缓启动。

纵观里根在1980年代的总体战略,隐蔽行动始终服务于他对波兰政府提出的三个要求:解除戒严令、释放被捕的反对派、重启与团结工会和教会的谈判。而另一方面,美国对波兰的经济制裁、外交接触和国内势力的协调等政策也为隐蔽行动的效果营造了充分有利的环境。

一、胡萝卜与大棒

西奥多·罗斯福总是将一句流传甚广的谚语挂在嘴边——"手持大棒口如蜜,走遍天下不着急"。这段话也恰好诠释了美国外交中屡试不爽的"胡萝卜加大棒"政策,在处理波兰问题时也不例外。

从戒严令颁布的第二天开始,里根政府就对是否进行经济制裁、如何制裁以及如何平衡"胡萝卜"与"大棒"等问题展开了激烈的讨论。12月14日早上,助理国务卿约翰·斯坎伦(John Scanlan)与波兰大使斯帕索夫斯基(Romuald Spasowski)会面,听大使说明雅鲁泽尔斯基对宣布军管的原因所做的解释。斯坎伦声明:美国政府对波兰的援助和经济支持暂时搁置。这就意味着,里根政府将暂停进一步考虑波兰政府提出的1亿美元的农业援助请求。①

12月17日,在戒严令颁布五天后,国防情报局终于拿出了一份有冲击力的文件,该文件认为:波兰戒严令的执行极为有效,遇到的反抗比预期的少。文件最终得出了一个悲观的结论:波兰的局势尚不明朗,雅鲁泽尔斯基在这场政治赌博中一定会坚持走下去,直到胜负彻底揭晓。波兰局势恐持续恶化,没有迹象表明共产党政权准

---

① 吕香芝:《打开缺口:美国对波兰政策研究(1980—1989)》,第175—176页。

备与团结工会和教会展开协商。① 同日,里根发表关于波兰局势的第一次全面、深入的讲话,他强烈谴责了军事管制是对"赫尔辛基条约的粗暴破坏"并以"最严重的术语"描述了波兰现在的局势。值得注意的是,里根此时已经初步形成了对解决波兰问题的政策目标:他要求波兰政府暂停戒严令、释放政治犯、恢复自由工会的权力。②只有做到这三点,美国才考虑帮助波兰重整它那濒临崩溃的经济。

12月21日,里根召集了四位在宗教界和政界颇具影响力的波兰裔美国人,向他们传达了自己对波兰事件的愤怒和绝对不会抛弃波兰人民的决心。黑格也在国务院表示:"美国人有很大的义务去解决波兰人民目前所遭到的镇压形势。"③同日,国家安全委员会开会讨论认为

---

① Gregory F. Domber, "Supporting the Revolution," p.50.
② President's New Conference, December 17, 1981. 转引自 Gregory F. Domber, "Supporting the Revolution," p.50.
③ Bemard Gwertzman, "The President Weighs Steps on Poland," *New York Times* (Dec. 22, 1981): A1.45.

在当前波兰局势尚不明朗的情况下,最可靠的反对苏联干预的方法是联合盟友共同与之对抗。① 为了获得盟友的支持,负责欧洲事务的助理国务卿伊格尔伯格(Lawrence Sidney Eagleburger)随即与澳大利亚、日本和新西兰大使商讨对波共同制裁问题。在国安委会议上,里根展现了他那基于善恶二元论之上的冷战哲学,他将受波兰政府压制的团结工会的工人们比作美国内战时为自由而战的爱国者,并把他们引领的运动视为自由对抗专制、正义对抗邪恶的抗争。在会议临近结束时,里根义愤填膺地说道:

> 现在是60年来我们第一次有这样的机会,我们怎么能不去全力以赴?苏联人就是戒严令的幕后指使,我们不能再向他们让步了……二战结束后,我们

---

① Discussion Paper for NSC Meeting: Poland, 1981 Dec. 21 available at: https://www.cia.gov/library/readingroom/document/cia-rdp84b00049r000200320001-9.

已经退让了许多次。我们向波兰人提供马歇尔计划,他们接受了,但苏联人却拒绝了。现在是采取行动支持团结工会的时候了。波兰正处于争取自由的决定时期,我们必须施以援手。①

在许多事务上,里根的理解和言论往往是基于简单的道德判断。不过,他的果断和慷慨陈词也赋予了对波政策更多的道德财产。副总统布什随即表示赞同:"我同意总统的看法,我们在过去的一个周末一直在思考此事,我认为我们现在已经站在一个关键的节点上了。"温伯格和凯西也站在总统一边,他们都反对中情局内部对波兰事务过度谨慎的看法,坚持美国应当在此时担起"世界领袖"的角色——这一观点曾招致部分中情局高官的强烈反对,他们强调这一计划不仅不合适且成功率极低。

---

① National Security Council Meeting Minutes, December 21, 1981 available in Executive Secretariat, NSC, NSC 00033, Box 91283, Ronald Reagan Presidential Library.

虽然隐蔽行动的计划饱受争议,但里根似乎决心已定。在主持完这次国家安全委员会会议之后,他在日记中回忆到:这也许是我人生中最后一次看到苏联帝国在东欧殖民政策改变的机会。我们应当坚持鲜明的反对立场直到他们取消戒严令、释放政治犯、重启与团结工会的对话。我们也会给苏联和波兰政府发去终止贸易的最后通牒并力图让我们的北约盟友和其他国家加入我们对波兰的共同制裁。[1]

而就在同一天,西方八个主要银行在苏黎世也一同讨论了波兰所要求的 3.5 亿美元的贷款和华沙方面日益严峻的债务问题,然而各国对波兰事件不同的看法导致会议并没有达成任何共同意见。[2] 实际上,当日美国与盟国的协调也并不顺利。与美国的激烈反应不同,美国的欧洲盟友更多地顾忌过激行为可能导致苏联的反制并

---

[1] Ronald Reagan, *Reagans Diaries* (The Ronald Reagan Presidential Library Foundation, 2007), p.57.

[2] Paul Lewis, "Bankers Divided on Polish Debt," *The New York Times* (Dec. 22, 1981): D1.

破坏当时良好的经贸合作氛围,正如一向以保守审慎著称的施密特后来对黑格所言:波兰的事情是他们自己的事情,里根想要改变欧洲战后分裂格局、推动波兰的政治自由化是十分荒唐的。[1] 施密特甚至还暗示了他对雅鲁泽尔斯基颁布戒严令的认可,他说:"如果波兰爆发了骚乱,那么进行军事管制就是必要的。"[2]

12月22日,一项颇为激进的计划被搬上台面:北约领导人举行了峰会并宣布对波兰的"联合马歇尔计划"。这一想法因为不切实际而很快没了下文,但却显示了胡萝卜与大棒政策的基本主张。虽然高峰会议没有进行,但里根基本同意了这一政策原则。同日,国家安全委员会决定了对波兰的大致制裁措施:暂停对波兰7.4亿美元的农业援助、撤回原计划运往波兰的价值7100万美元的黄油与奶制品、暂停进出口银行为波兰提供的2500万美元贷款的担保额度。但美国政府还将在近期在保证对

---

[1] Peter Schweizer, *Reagan's War*, p.178.
[2] Peter Schweizer, *Victory*, p.77.

其分配进行审查的情况下持续对波兰提供人道主义援助、取消对波兰例外条例的实施。此外,在这份文件中已经列出了美国及其盟友在下一步的可能措施:对巴黎统筹委员会国家进行无差别政策、暂停考虑波兰向国际货币基金组织提交的成员国申请并考虑推动教皇访问波兰事宜。[①] 这份文件中最具影响的内容,一是经济上停止了对波兰的优惠政策并对其进行严格的制裁,这些制裁很大程度上导致了波兰政府最后的垮台[②];二是寄希望于从教会入手推动波兰国内局势的变化。

23日,在里根宣布将对波兰进行制裁的讲话时,他

---

① National Security Council Meeting-December 22, 1981 - Poland, available at: https://www.cia.gov/library/readingroom/document/cia-rdp84b00049r000200330001 - 8.
② 有学者认为美国的金融外交催生了团结工会的诞生,而整个80年代美国在世界金融市场上给波兰的打击深刻影响了波兰国内政治变革,1989年波兰统一工人党的垮台不仅是其合法性丧失所导致的,也是在全球金融市场中丧失信用的结果。参见 B. Fritz, "Fugitive Leverage: Commercial Banks, Sovereign Debt, and Cold War Crisis in Poland, 1980 - 1982," *Enterprise & Society*, Vol.18, No.1 (2016), pp.72 - 107.

暗示了制裁政策的可逆性:"如果波兰政府尊重像在'格但斯克协议'中提及的人权标准的话,美国将乐于帮助恢复波兰糟糕的经济,就像我们在世界大战后帮助欧洲的一些国家那样。"[1]里根的讲话并未提及任何干预"联合马歇尔计划"的信息,但他的发言给波兰政府一个隐约的信号:波兰政府是否在政治上让步决定了美国是对其进行惩罚还是奖赏。

同日,里根先后致信雅鲁泽尔斯基和勃列日涅夫。在信中,里根表示他认识到波兰政府面对相当大的外部压力迫使其推回改革,美国并不质疑波兰人对政治制度和军事同盟的选择;但是,对波兰出现的侵犯人权的暴行,美国政府不能袖手旁观、漠不关心。他更进一步强调:如果美国坐视不管,那就成了压制波兰人民的同伙。接着,他列出了对波兰实施经济制裁的清单,明确地表示

---

[1] Ronald Reagan, "Address to the Nation about Christmas and the Situation in Poland, December 23, 1981," Public Papers of the President of the United States (1981), available at: https://www.reaganlibrary.gov/archives/speech/address-nation-about-christmas-and-situation-poland.

他的政府不再考虑波兰政府7.4亿美元农业贷款的请求（包括总统已经同意的1亿美元的紧急援助），美国也不会继续提供在4月份就已同意的7400万美元的奶粉和黄油的剩余部分。他警告雅鲁泽尔斯基,如果镇压行动依然持续乃至升温,美国将采取进一步行动。不过,在信件结尾时,他表示,一旦波兰统一工人党采取明确的步骤结束镇压,释放那些被拘捕的人,开始寻求与所有来自波兰整个社会的、精神的和政治阶层的真正代表谈判协商,华盛顿将会重新考虑这些制裁。[①] 这份信件是里根针对波兰事件讲话的补充,其核心观点并没有变化。

圣诞节前夜,里根给波兰政府发去了最后通牒,要求其取消军事管制,恢复1981年12月13日前的状态,并再度重申了两国关系正常化的三个目标:取消戒严令、释放政治犯和重启三方对话。

---

① 吕香芝:《打开缺口:美国对波兰政策研究(1980—1989)》,第177页。

25日,他收到了勃列日涅夫的回信,这位年迈且固执的苏联领导人在回信中不断表达着他对美国参与此事的不满和失望。里根对其回复道:我们只是建议波兰人民能够在当前政体中发出自己的声音,根据雅尔塔协定,苏联人曾经允诺他们这种权利,但苏联人从未尊重他们的权利。① 当晚,里根在圣诞节的讲话中重申了自己对波兰人民争取自由权利的赞赏,热衷表演的他在演讲行将结束时高声呼吁所有美国人为波兰的反抗者们点燃一支蜡烛,让其"作为我们与波兰人民团结在一起的灯标……让这几百万支烛光提醒人们,自由之光不会熄灭"。②

26日和27日,驻波兰大使弗朗西斯·米汉(Francis Meehan)给华盛顿发回了两份对当前局势分析的电报,进一步阐明了胡萝卜与大棒政策的可操作性。米汉指出

---

① Ronald Reagan, *Reagan's Diaries*, p.58.
② Ronald Reagan, "Address to the Nation About Christmas and the Situation in Poland," December 23, 1981, available at: http://www.reagan.utexas.edu/resource/speeches/rrpubpap.asp.

美国要扩大对波兰政府在脱离莫斯科和政治改革上的激励措施,他预估了三种未来可能的走向:其一,雅鲁泽尔斯基答应美国政治要求,承诺赋予团结工会合法地位和相应权利;其二,雅鲁泽尔斯基不遵守诺言并扩大对反对派的压制;其三,雅鲁泽尔斯基被更为强硬的波兰领导人或苏联的干预所取代。米汉认为无论是何种走向都会削弱俄国人的立场,因此美国应当鼓励和推动波兰政局的演变。米汉对里根解释道:如果波兰政府表现出任何对国家管制的放松,我们就应当给他们一些胡萝卜作为奖赏。如果我们用大棒敲打他们,那么他们并没有太多选择。虽然给多少胡萝卜仍然是个悬而未决的问题,但我们决不能忽视这种选择。① 第二份电报沿袭了之前的"胡萝卜"思路,给了里根更为具体的建议。他提议里根应当给雅鲁泽尔斯基写第二封信,向其表达美国愿意帮

---

① Cable from Amembassy Warsaw to Sec. State, "Polish Situation: U.S. Policy," dated December 26, 1981, NSA, Soviet Flashpoints, Box 26, December 26-29, 1981.转引自Domber F. Gregory, "Supporting the Revolution," p.89.

助波兰重建的想法。如果雅鲁泽尔斯基采取了改革行为，我们可以恢复其被取消的捕鱼权和飞机降落美国机场的权利。[①] 米汉还意识到，虽然在当前的局势下通过胡萝卜加大棒的手段难以控制住波兰，但美国的一些能力——尤其是在国际金融市场上的能力能够有效缓解波兰的燃眉之急。米汉在28日与波兰外交部官员会见时也向他们传递了美国希望能够看到波兰政府在新的一年中进行改革的想法，暗示了通过"胡萝卜"对其进行奖赏的可能性。

然而米汉的提议实际上并不符合里根的想法，12月29日，美国正式宣布对波兰实施经济制裁，制裁内容包括：停止官方对波兰的一切农产品和奶制品出口；终止一切美国官方的信贷和担保信贷；终止进出口银行的出口信贷保险服务；终止波兰官方航空公司在美国的航行权；

---

① Cable from Amembassy Warsaw to Sec. State, "Polish Situation: U.S. Policy," dated December 27, 1981, NSA, Soviet Flashpoints, Box 26, December 26-29, 1981. 转引自 Domber F. Gregory, "Supporting the Revolution", p.90.

终止波兰在美国水域的捕鱼权;反对波兰加入国际货币基金组织;等等。①

时间进入1982年,里根政府内部对波兰局势的争论变得更加激烈。

考虑到美国一国能力的有限,里根和黑格愈发积极地寻求其北约盟友的支持。1月,对波兰问题一直徘徊不定的北约盟国终于与美国人坐下来仔细讨论应对的办法,他们同意一同谴责雅鲁泽尔斯基发布戒严令、进行军事管制的做法,但在如何共同制裁波兰和苏联的问题上却发生了争执。② 各盟国,尤其是德国对美国单方面要求涉及苏联和西欧天然气管道禁运的措施十分不满,他们对修复东西关系依然怀有希望。而与里根无论是个人关系还是意识形态都颇为密切的撒切尔夫人也认为制裁对于美国这么一个大国而言是错误的选择。

---

① 吕香芝:《打开缺口:美国对波兰政策研究(1980—1989)》,第178页。
② E. Pond, "NATO gets tough on Poland, agrees to use sanctions if situation doesn't ease," *The Christian Science Monitor*, 1982, Jan. 12.

最终美国与其盟国协商的制裁计划不了了之,同时对里根心怀怨念的还有国务卿黑格,他一向看重与盟国的关系以及盟国在东欧战略中的地位,对于里根宗教式的、非理性的反共狂热并不十分赞成,认为简单粗暴地将反共情绪带入外交政策的行为只会将自身与盟国、苏东国家的关系复杂化。正如此前一些专家警告的那样:把波兰当作美国和盟友关系的试金石,迫使西欧盟国一同进行制裁只会使事态变得更糟。[1]

面对里根单方面的强硬态度,以黑格为首的国务院不得不试图从中进行调解,使胡萝卜的选项重返政策选择中。3月10日,此前要求进行"联合马歇尔计划"的艾伦·霍姆斯(Alien Holmes)将一份关于刺激雅鲁泽尔斯基完成解除制裁三目标的文件递给了黑格,黑格迅速同意了文件的看法并在国家安全委员会召开了跨部门会议讨论此事。其后,他要求国务院着手为总统准备关于此

---

[1] Daniel Southerland, "Sanctions could complicate US-Europe relations," *The Christian Science Monitor*, 1981, Dec. 31.

文件的讲话稿。① 但里根显然冷落了黑格的主张,里根和他的幕僚们几乎将全部的注意力都放在了如何惩罚波兰和苏联上了,强硬派主张的"大棒"路线已经在里根的政策计划中站稳了脚跟。

二、确定隐蔽行动

黑格在波兰政策制定中的"失势"早有预兆。在1981年12月21日的国安委会议后,里根政府内部对波政策的争论便开始向强硬派的主张偏移。

1982年1月,国家安全委员会的一份评估中称波兰政府正在迅速摧毁1980年开始的政治民主化成果,并废

---

① Action Memo from H. Alien Holmes to the Secretary, "Poland: Incentives as a Means of Obtaining Our Objectives," dated March 10, 1982, in Poland 1980-1982.11.

除了此前不久才引入党内的民主化程序。[1] 这篇报告很快引起了许多官员的忧虑,他们担心波兰的政治气氛不仅会导致其国内的民主化运动失败,更会助长莫斯科的野心和削弱美国的全球领导力。对波兰事态的悲观看法在美国政府中不断加剧。最终,在1982年2月4日的国家安全委员会会议上,一份国务院的报告以极为严肃的措辞为波兰问题定了性:"波兰牵涉许多我们外交政策必须考虑的根本性问题(东欧的未来、同盟关系、苏联的国家安全、美国的政治和道德领导力)。我们外交的总体目标是阻止乃至在可能的情况下逆转过去数十年间发生的对美国不利的世界均势变化,并保持美国领导世界的能力。"[2]不难

---

[1] Memorandum from William P. Clark to the President, Subject: Poland: One Month Under Martial Law, January 14, 1982, available in the Richard Pipes files, "CHRON 01/08/1982 - 01/25/1982," Box 12, Ronald Reagan Presidential Library.

[2] U.S. Department of State, "Strategy on Poland: Possible Next Steps Against U.S.S.R.," February 1982, available in Executive Secretariat, NSC, NSC 00039 04 Feb 1982, Box 91083, Ronald Reagan Presidential Library.

看出，至此，波兰问题已经上升为关乎美国外交总体目标的核心议题。

"大棒"路线很快在政策方面有了成果。5月20日，里根签署了具有前瞻性和对抗性的第32号国家安全决议指令(NSDD32)《美国国家安全战略》，明确指出要抵消苏联试图在东欧增加其影响的努力、削弱苏联的联盟体系、鼓励苏联及其盟友内部长期的自由化趋势并采取包括隐蔽行动在内的措施增强世界范围内美国的影响力。文件还强调了北约盟友在维护西方国家利益中的不可替代性，认为美国必须充分利用它们的资源、增加与它们的合作。[1] NSDD32号文件的制定是对波隐蔽行动的基础，它不但确立了隐蔽行动中对团结工会秘密资助这一重要目标，也特别提出了要在经济和道义领域向波兰政府施压。此外，在操作层面，文件强调了要积极资助反

---

[1] U.S. National Security Strategy, National Security Decision Directive Number 32: U.S. National Security Strategy, May 20, 1982, available at: https://fas.org/irp/offdocs/nsdd/nsdd-32.pdf.

对派的游行、宣传、会见等一系列活动,并要与教会合作和强化无线广播的舆论进攻。此外,该文件还将对波隐蔽行动纳入整个对东欧政策中,使其与美国对波乃至对东欧总体方针相一致,赋予了隐蔽行动更为宏观的战略考量。

不久之后,里根又签署了第54号国家安全决议指令(NSDD54)《美国对东欧的政策》。该决议在NSDD32号文件的基础上再进一步,宣称美国对东欧政策的目的是摧毁苏联对东欧的掌控并将该地区重新纳入西方阵营中。与此同时,该文件正式确认了在东欧的"区分"政策,即以优惠政策诱使东欧国家采取独立于苏联的政策,从而最终瓦解苏联的控制力。

除了两份重要的且机密的奠基性文件外,里根还在公开场合为隐蔽行动寻求支持。6月8日,里根在访问英国时发表了一个耐人寻味的讲话,其中暗含了一个为隐蔽行动提供长期支持的框架。在威斯敏斯特宫的大厅里,他提出了一个促进世界范围内民主进程的目标:构建一个自由出版、自由结社的体系,该体系能够允许人民选择其自己的文化并通过和平的方法消解矛盾……美国正打算进一步采取措施,两党领导人正与政治基金会对美国如何为民主力量做出贡献进行研究……无论是私人领域还是公共领域,是时候承诺去发展民主了。[1] 美国官员将这一政策的核心解释为"全新的、慷慨的对第三世界反共产主义组织的援助……意在发动具有侵略性的、世界范围内的努力,以强化民主力量的政治、知识和社会基础"[2],里根的讲话暗示了一个专门从事民主工程的基金会的建立,这便是国家民主捐赠基金会(National Endowment for Democracy)的雏形,它在其后的几年中成为为团结工会提供隐蔽支持的重要媒介。

而此时里根政府内部也出现了矛盾。由于在欧洲天

---

[1] Ronald Reagan, "Address to Members of the British Parliament," June 8, 1982.

[2] Nicholas John Cull, *The Cold War and the United States Information Agency: American Propaganda and Public Diplomacy, 1945–1989* (Cambridge: Cambridge University Press, 2008), p.421.

然气管道禁运和对盟友国家战略方针等议题上的分歧,黑格与强硬派的冲突日益激化,在6月18日召开的讨论对苏经济制裁的国家安全委员会会议中,黑格被刻意排除在参与名单之外,从而预示着黑格不再被里根信任。7月16日,信奉"推回战略"却也意识到美国实力不足的舒尔茨接替黑格出任国务卿,这标志着强硬路线开始主导美国对外政策。虽然里根放弃了黑格与米汉主张的温和调解路线,但在随后的讨论中,里根不留余地的反共态度略有松动,这与舒尔茨的就任是分不开的。

与黑格比起来,舒尔茨和里根的合作融洽了许多,里根在关键决策上总是听从他的意见。而舒尔茨给美波关系的解决方式带来了新的进展,凭借着他个人与里根的信赖关系打破了此前强硬派和温和派之间难以调和的隔阂。他认为经济制裁只是浪费资源而已,它持续的时间越长,其意义就越小。[1] 温伯格接受了他的观点,结束了

---

[1] George P. Shultz, *Turmoil and Triumph: My Years as Secretary of State* (New York: Charles Scribner's Sons, 1993), pp.135-138.

此前与北约盟友争吵不休的对东西天然气管道进行技术制裁的问题。① 同时,里根也在舒尔茨的影响下转向更为实际的务实政策,寻求与苏波两国的政治和解。7月份,美国开始向波兰传递愿意调解和取消制裁的信号,一位官员在接受采访时表示:"如果波兰和苏联当局做了任何能够促进局势好转的行动,我们希望能够找到和解的机会",并最终重启波兰国内的政治协商进程。波兰方面也进行了积极回应,5月底以来,国务院官员一直汇报他们得到了来自华沙的和解信号,其中包括波兰总理拉科夫斯基,这位领导人始终认为只有通过与北约调解、恢复国内经济才是解决危机的唯一途径。② 不久后,雅鲁泽尔斯基便于7月21日释放了1227名在押人员并暗示年底便会解除戒严令。随即斯坎伦表示国会将考虑并讨论推迟波兰的还债期限。

---

① George P. Shultz, *Turmoil and Triumph*, p.145.
② "Poland: Effectiveness of Economic Sanctions," May 28, 1982, 转引自 Gregory F. Domber, "Supporting the Revolution," p.152.

然而,10月8日,波兰局势急转直下,政府公开禁止团结工会的活动。里根对此大为光火,他发表电视讲话宣称:"是时候表明对波兰的立场了,历史将站在自由一边。"同时,一个基于两份国家安全决议指令之上的更加全面、细致的隐蔽行动计划也浮出水面。

11月4日,里根召开了一次专门讨论美国对波隐蔽行动的国家安全规划组会议,国务卿、国家安全事务顾问以及中情局高级官员都参加了此会。与一年前争辩激烈的情况不同,这次的会议上,众人很快就隐蔽行动的框架达成了共识:其主要目的是隐秘地通过第三方为波兰反对派提供资金和必要的装备;授权中情局对波兰采取代号为 QRHELPFUL 的隐蔽行动,内容包括进行秘密广播活动以帮助遭受镇压的反对派们进行日常交流;同时联系海外波兰人和同情团结工会的群体向雅鲁泽尔斯基政权施压,减轻波兰国内反对派的压力。和 NSDD32 号文件相比,NSDD54 号文件的制定为隐蔽行动的执行提供了更为具体的手段,其中就包括文化与教育交流、出口控制、高层交往、限制外使行为和利用国际组织扩大影响等等，这些措施几乎都被运用在了对波兰的隐蔽行动中。而这些设想也在中情局主导的 QRHELPFUL 行动中逐一落实。不过从文件的安排来看，该行动的目的极其有限，它仅局限于保证团结工会不在波兰政府的打压下被消灭。而从后来的回忆来看，当时大多数人对这一项目也并没有太多期待，更不用说希望通过隐蔽行动打开铁幕的缺口、颠覆波兰政权。

纵观从戒严令颁布到 1982 年 6 月黑格去职，再到舒尔茨就任后推进国家安全政策文件和隐蔽行动计划的这大半年里根政府对波政策的演变，可以看到明显对立的两个主张和总体政策于摇摆中逐步确定的过程，最终主张以经济制裁和政治施压的强硬派占了上风，从而确立了里根任期内对波兰的基本政策的两个特征：

其一是修正了一直以来给予波兰特殊地位的区分政策。在 9 月 2 日签署的 NSDD54 号国家安全决议文件

《美国对东欧的政策》就是其最终成果,它也体现了里根一定程度上接受了国务院一直主张的务实路线的政策观点。文件指出美国在东欧的长期目标是弱化苏联对该地区的影响并促使东欧国家融入欧洲国家共同体中,这一政策重新重视区分战略的诱导性,以相对独立性、内部自由化和多元化程度决定针对不同东欧国家采取的不同政策,并以最惠国待遇、信贷政策和国际货币基金组织成员国身份等作为对东欧国家进行民主化、自由化改革的"奖赏"。[1]但是和此前的区分政策相比,以NSDD54号文件为基础的区分政策更加强调政策执行过程中的谨慎和美国自身能力的限制,[2]所有区分政策的长期目标都一样:美国不只是要削弱苏联影响,更要将东欧国家"拉回"、融

---

[1] U.S. National Security Strategy, National Security Decision Directive Number 54, available at: https://fas.org/irp/offdocs/nsdd/nsdd-54.pdf.
[2] Gregory F. Domber, "Supporting the Revolution," p.153.

入"自由世界"中。①

其二在于美国和波兰已经初步构建好了一个"小步骤框架",这一框架初见于米汉和波兰新任外长奥热绍夫斯基(Stefan Olszowski)在NSDD54号文件通过后不久的一次关于美波双边关系的讨论中。米汉承认在当前状况下恢复两国关系的不易,但也表示美国注意到了雅鲁泽尔斯基在7月21日释放部分犯人的决定,他希望知道波兰接下来能够在美国提出的三个条件界定的目标上做些什么。虽然奥热绍夫斯基并不同意波兰政府的行为是美国的制裁所迫使的,但他在此提出了构建一个"小步骤框架"的可能,他认为美国可以通过逐步取消制裁来作为对波兰政府行为的奖励。②

9月,这一看法很快被米汉交予华盛顿讨论,小步骤

---

① U.S. National Security Strategy, National Security Decision Directive Number 54, available at: https://fas.org/irp/offdocs/nsdd/nsdd-54.pdf.
② Gregory F. Domber, "Supporting the Revolution," p.155.

框架意味着制裁的项目可以单个取消以换取波兰的政治让步,这与美国在70年代的制裁完全不同。实际上7月21日的特赦就已经表明了波兰政府试图实践小步骤框架的尝试。对美国而言,这种框架也符合区分政策的原则,它允许"整体"的制裁能够被更加灵活的运用,达成更好的效果。虽然里根政府在当时尚未接受这个"新颖"的政策提议,但小步骤框架将成为美波关系的基石。①

从1981年12月13日到1982年9月这段时间里,里根对东欧总体战略的构想始终在理性权衡和意识形态狂热间摇摆不定,不过这个缓慢的开端为隐蔽行动的制定和执行奠定了基础。由于对波兰的隐蔽行动是美国东欧政策的一环,其目标是为更好地推动东欧政策服务的。里根的波兰政策决定了对波兰隐蔽行动的特点:

首先是烈度上一直保持较低的非暴力行动,实际上这一特点从美国对波兰的制裁中就可以看出来,除去信

---

① Gregory F. Domber,"Supporting the Revolution," p.157.

贷方面的措施外,美国对波兰的制裁几乎都是象征性的,这预示着当时美国对波兰的态度并没有完全恶化。相比于言辞的挑衅,里根的实际行动颇为谨慎。①

这一方面是因为美国的波兰政策紧紧地与对苏政策连接在了一起,不管是布热津斯基还是黑格,他们都对苏联的反应极为敏感。正是出于对苏联的顾虑,对波兰的隐蔽行动并没有进行高烈度的破坏和暗杀,大多数情况下隐蔽行动仅仅是停留在宣传和煽动上;另一方面则是因为长期以来的区分政策使波兰成为苏东集团中独立性较高的国家,美国对其自主脱离苏联控制抱有希望,小步骤框架的提出和波兰政府释放的合作信号都导致了隐蔽行动无须太过激进,相对而言,如果过于强硬的隐蔽行动激怒了波兰政府则适得其反。

其次是美国对波政策一向以保证团结工会的存在为前提,里根取消制裁的三个条件实质上是保证团结工会

---

① Coral Bell, *The Reagan Paradox: U.S. Foreign Policy in the 1980s* (New Brunswick: Rutgers University Press), p.17.

能够在波兰政治格局中持续存在。因此,对团结工会的秘密支持并扩大其影响就成为隐蔽行动的重要一环,甚至可以说是其隐蔽行动最关键的目标。

最后,东欧政策的制定为美国的隐蔽行动提供了组织和领导基础。NSDD32号文件和NSDD54号文件的通过意味着隐蔽行动的目标、分工模式和基本手段确立。在里根的政治盟友中,诸如凯西、美国新闻署署长查尔斯·威克(Charles Wick)等直接负责隐蔽行动执行的官员往往是他的密友,他们能够直接影响宏观政策的制定,因此美国的东欧政策与隐蔽行动总是保持着微妙的关系。此外,与西欧盟友和梵蒂冈教廷的合作、调解也推动了各方在隐蔽行动上的协作,尤其是梵蒂冈在文化攻势与资金运输渠道上的天然优势大大增强了美国隐蔽行动的效果。

III

第三章

四驾马车：隐蔽行动的领导者们

里根时期的美国对外政策执行极为重视隐蔽行动的作用,他比之前任何一届政府都更加依赖于此。[1] 里根上任后不久即任命凯西担任中情局局长,深受前辈多诺万(William Joseph Donovan)影响的凯西不愿中情局受限于搜集情报、汇报材料的工作,而是寄希望于能够塑造外交政策。为此他开展大刀阔斧的改革,鉴于秘密行动处僵化的官僚体制和70年代中期调查事件的教训,凯西决定将行动处进行重组,在迅速而全面展开改造中情局的改革同时对秘密行动给予更多的关注。[2] 尽管1980年颁布的《情报监督法》(Intelligence Oversight Act of 1980)要求情报部门应当将其行动及时通知国会以限制隐蔽行动制定和执行的独立性,但在实际操作过程中,却经常以行动过于"敏感"为由推迟对国会的汇报。[3]

盖茨曾将劳联—产联、中情局和梵蒂冈的角色戏称

---

[1] William J. Daugherty, *Executive Secrets*, p.211.
[2] Robert M. Gates, *From the Shadows*, p.225.
[3] Bruce D. Berkowitz, "The Logic of Covert Action".

为在对团结工会的秘密支持中的"三驾马车",他似乎忘记了以美国新闻署(United States Information Agency,简称 USIA)为首的美国宣传机器的作用。实际上,在美国 1980 年代早期的对波隐蔽行动中,可以明显看到中情局、劳联—产联、新闻署和梵蒂冈四个主要角色在其中的行动和合作,它们共同对催化波兰国内局势、保证团结工会存在产生了巨大影响。

一、 劳联—产联先发制人

1979 年 11 月 9 日,莱恩·柯克兰德登上了华盛顿喜来登酒店的演讲台,57 岁的他刚刚当选为全美最大、最具影响力的劳工组织劳联—产联的主席。不到十分钟的就职讲话体现了他直接且具有行动力的性格与大胆的创新精神。此时,他已经注意到了远在波兰发生的动乱和团结工会的异军突起,而在当时,极端反共产主义并将雅鲁泽尔斯基政府称为"法西斯政权"的他是为数不多的坚信团结工会能够在紧张的波兰危机中存活下来的人。他深信一个自由工会对民主社会的重要性,因此在美国政府迟迟不愿参与到波兰局势中并支持团结工会时,他一马当先地与瓦文萨建立了秘密联系。①

波兰危机爆发后,柯克兰德迅速与团结工会建立联系,在他得知当时团结工会急需的并非资金而是印刷机和宣传材料后,马上将采购的打字机、印刷机和其他办公用品,连同5万美元的资金转运给波兰境内的团结工会。

"格但斯克协议"签署后,柯克兰德和劳联—产联的董事会成员用实际行动支持了波兰的反对派势力,他们在美国建立了波兰工人援助基金会(Polish Workers Aid Fund)并在当时就向其捐赠了2.5万美元以支持团结工会在波兰的活动。到戒严令颁布前的1981年11月,该基金会已经向团结工会提供超过25万美元。为了扩大

---

① Arch Puddington, *Lane Kirkland*: *Champion of American Labor* (Wiley,2009),pp.11 - 13.

团结工会在西方世界的影响,柯克兰德还主动联系了西欧国家的工会组织,尤其得到了瑞典劳工联盟(Swedish L.O. Labor Federation)和英国工联大会(British Trade Union Congress)的支持,他们不仅允诺为团结工会提供超过 4 万美元的资金支持,还协助劳联—产联搭建了与团结工会长期互动的交流网络和为团结工会提供能够提升其管理能力的专业训练。[1] 同时,在资金的运用上团结工会和劳联—产联也进行了充分的沟通。9 月,刚刚从华沙调查归来的国际自由工会(International Confederation of Free Trade Unions)代表查尔斯·凯斯曼(Charles Kassman)向柯克兰德报告说:劳联—产联的资金给团结工会造成了一些麻烦——他们难以向波兰当局解释清楚这笔钱的来历以及美国和格但斯克的工人运动之间是否存在阴谋。瓦文萨曾也向劳联—产联的另一位代表表示劳联—产联的资金援助导致局势变得复杂并再

---

[1] J. M. Shevis, "The AFL‑CIO and Poland's Solidarity," *World Affairs*, Vol.144, No.1 (1981), pp.31‑35.

次表示团结工会所需要的只是办公设备而非资金，因为后者会让团结工会的运动看起来像受到了外国的秘密支持。①

瓦文萨的担忧不无道理，自从波兰工人援助基金会建立后，苏联、波兰和其他苏东国家就不断对劳联—产联进行抨击，指责团结工会背后的美国老板们与中情局正共谋并不遗余力地企图颠覆波兰政府。而在戒严令颁布之前，美国政府也并不支持柯克兰德冲动的援助行为。1980年9月，美国驻莫斯科大使馆向时任国务卿马斯基发送电报，引用了分析师特里夫莫夫（Genrikh Trofimov）的观察，认为柯克兰德的支持行为将可能导致问题。同样，波兰官员也明确告知美国外交官劳联—产联的行动会成

---

① "A. Phillip Randolph Education Fund, Report to AFL-CIO President Lane Kirkland on: Poland and the American Labor Movement," circa May 1981, AFL-CIO Kirkland Presidential Files, Inactive Records, "Polish Workers Strike and Fund", Bayard Rustin, Charles Bloomstein, and Adrian Karatnycky took the trip. 转引自 Gregory F. Domber, "Supporting the Revolution," p.128.

为苏联干预的借口。[1] 很快,马斯基就在一次午餐会上批评柯克兰德,警告柯克兰德他的行为将导致苏联对波兰的入侵。在劝阻柯克兰德未果后,他向苏联驻美国大使多勃雷宁(Anatoly Dobrynin)保证美国政府不会干预波兰政局,美国政府不仅与团结工会没有任何合作,更不支持劳联—产联的行为。[2] 其后,卡特听从了马斯基的建议,向苏联重申了美国不干预的立场。而此前与马斯基意见相左的布热津斯基也向多勃雷宁公开表示:政府对波兰工人的公开支持和独立组织的行为是完全不同的。[3]

12月,布热津斯基认为虽然美国的介入会导致苏联对波兰的灾难性入侵,但应当向苏联人发出明确的反对信号以使其认识到军事行为所要付出的代价。他找到柯

---

[1] Arch Puddington, *Lane Kirkland*, p.203.
[2] "Muskie Informed Soviets of Unions' Plan to Help Poles," The *New York Times*, September 12, 1980.
[3] J. M. Shevis, "The AFL‐CIO and Poland's Solidarity". Gregory F. Domber, "The AFL‐CIO, The Reagan Administration and Solidarność," The *Polish Review*, Vol.52, No.3(2007), pp.277‐304. 布热津斯基:《实力与原则》,第522页。

克兰德说:"情报部门认为苏联的入侵迫在眉睫,为了防止灾难的发生,我们正列出一份详细的制裁清单作为报复手段并打算将其发给勃列日涅夫,以此警告他干预的后果。"柯克兰德随即表示同意,并指出如果苏联入侵,他将呼吁全世界的自由工会对苏联进行全方面禁运,以支持团结工会。布热津斯基听后将柯克兰德的建议写入了他的报复清单中。[1]

卡特政府一贯认为团结工会在苏联和波兰的打击下必然会走向灭亡,而且西方的干预只会带来灾难性的后果。但柯克兰德不以为然,他将团结工会视为整个70年代苏东社会积怨已久的产物,代表着东欧社会的必然转变,轻蔑地戏称卡特的政策像小猫一样畏首畏尾,而"我们决不能接受这种过于谨慎的立场"。[2]

戒严令的颁布让柯克兰德不受重视的行为有了转机。戒严令发布时柯克兰德正在巴黎参加经合组织

---

[1] Zbigniew Brzezinski, *Power and Principle*, p. 467.
[2] J. M. Shevis, "The AFL-CIO and Poland's Solidarity".

(OECD)的一个聚会,得知消息的他马上准备启程返回美国,并顺道在英国与关系密切的工党和工联领导者们交换了意见。12月14日,就在戒严令生效一天后,柯克兰德马上发表了声援团结工会的讲话:

> 劳联—产联会倾尽全力支持我们在波兰的兄弟姐妹们。但我们不会劝说他们去做什么或不去做什么,因为只有他们自己才有权决定他们应当做的事,而无论他们做何选择,我们都会尽力协助他们……他们的战斗就是我们的战斗,我们不应当让他们倒下。①

柯克兰德也谴责了波兰政府的行为并表示支持美国政府的制裁,但显然柯克兰德已经意识到了劳联—产联的资金援助可能给团结工会带来的复杂影响,因此他在

---

① AFL‑CIO Press Release, dated December 14, 1981, GMMA, AFL‑CIO, Information Department, AFL‑CIO Press Releases 1937‑1995, Box 47, 47/2. 转引自 Gregory F. Domber, "The AFL‑CIO, The Reagan Administration and Solidarność".

讲话中着重强调了团结工会的自主性。

同日,劳联—产联在纽约协助建立了支持团结工会委员会(the Committee in Supporting Solidarity,简称CSS),它具有两重目的,明面上是维持与团结工会的联系、搜集有关团结工会的信息并报道给大众以扩大团结工会在美国的影响力。而更重要的是借助这一委员会召集美国各界同情和支持团结工会的名流、美籍波兰人和流亡的反对派,比如流亡境外的团结工会成员拉索塔(Irena Lasota)、任教于芝加哥大学的波兰哲学家克拉克夫斯基(Leszek Kolakowski)和任教于伯克利大学的波兰文学家米沃什(Czesław Miłosz)等等,他们形成了专门的与团结工会联系和对其提供支持的团体,凭借在社会中强大的影响力和号召力,参与到对国会的游说活动和对团结工会的声援与造势中。[①] 而作为支持团结工会委

---

① 这一委员会的资金来源主要是劳联—产联和社会中其他基金会的捐助,比如在1982年8.45万美元的预算中有6.5万美元来自史密斯·里查德森基金会和洛克菲勒兄弟基金会;至1984年,委员会的年度预算增加到9.5万美元,其中超过一半来自劳联—产联及其附属机构的资助。Gregory F. Domber, "Supporting the Revolution," p.131.

第三章 四驾马车:隐蔽行动的领导者们

员会的主要合作方,劳联—产联国际事务处主任汤姆·卡恩(Tom Kahn)和帕廷顿(Arch Puddington)也成为委员会管理层的成员。此外,劳联—产联还定期帮助委员会印刷和分发其宣传刊物《团结工会通报》(*Solidarność Bulletin*)——从1981年10月到1983年1月,该刊物总共出版了四期,在世界范围内产生巨大影响。

12月15日,美国国务院官员会见了劳联—产联的财务主管多诺霍(Tom Donohue)等几位高级负责人,在简短地讨论了目前的局势后,国务院方面忧心忡忡地表示如果波兰政府查到任何团结工会与劳联—产联书面联系的证据,将会使双方的处境变得尴尬,而且这将给波兰当局提供攻击团结工会的口实。虽然多诺霍向其保证一切援助会是"直截了当"的,不存在任何"隐蔽成分",[1]不过显然在军事管制的状态下,所谓"直截了当"的公开援助是无法进入波兰的。

---

[1] Gregory F. Domber, "Supporting the Revolution," pp.129-130.

在国务院与劳联—产联高官讨论波兰问题后的第三天,里根与柯克兰德就进行了戒严令颁布后的首次见面,里根一见面就给总是批评他财税政策的柯克兰德开了个玩笑:"至少我们之间终于有一件事能够达成共识了。"柯克兰德要求里根采取强有力的制裁以回应波兰政府的戒严令并立即宣布其债务违约,打击波兰在金融市场的地位。随后,他暗示劳联—产联将会以隐蔽的方式向团结工会提供援助:"劳联—产联将会试图从既有的联系渠道为团结工会提供支持,我们将会利用我们所能使用的一切资源,而且如果能够得到政府的支持那再好不过。"[1]

但里根和柯克兰德的共识很快出现了裂痕。12月23日,在里根公布了对波兰的制裁措施后,柯克兰德马上表示了反对,他斥责里根的制裁不够强硬并召集其助手不断与政府官员会面,劝说政府采取更为严厉的制裁。在之后的企业关系研究协会(the Industrial Relations

---

[1] Gregory F. Domber, "Supporting the Revolution," p.130.

Research Association）的发言中,柯克兰德认为美国政府实际上并不愿意利用真正有效的经济、政治和外交武器,他强调美国的外交政策不应当被银行家们操控。[1] 之后,科恩补充了柯克兰德的看法,力图将美国的制裁扩大到更广更深的领域:停止向苏联的粮食运输、暂停对苏联建设西伯利亚天然气管道的出口许可、对技术转让采取更为严格的控制;并且要求在欧安会进行裁军谈判的美国代表向国际社会公布波兰拘留政治犯监狱的卫星照片,加强对波兰的无线电广播宣传。[2]

很快,对政府的"软弱"不满的劳联—产联开始扩大对团结工会的隐蔽支持。12月19日,由支持团结工会委员会赞助流亡美国的团结工会领导人霍耶茨基（Miro-

---

[1] AFL‑CIO Press Release, "Text of an address by AFL‑CIO President Lane Kirkland to the Industrial Relations Research Association," dated December 28, 1981, GMMA, AFL‑CIO Press Releases 1981‑1982, Box 47, 47/6.

[2] "Statement by Tom Kahn to the Congressional Committee on Security and Cooperation in Europe," dated December 28, 1981, GMMA, Information Department, CIO, AFL‑CIO Press Releases, 1937‑1995, Box 47, 47/6.

slaw Chojecki)飞往苏黎世会见其他30名团结工会的流亡领导人,他们开始讨论如何协助波兰境内的团结工会更快地获得来自外界的情报和物质支持。22日,在布鲁塞尔和巴黎分别建立了旨在为团结工会收集情报的协调委员会,后者还获得了来自巴黎工会的100万美元的资金支持。在劳联—产联的关注下,如何重组团结工会的组织结构被提上了议程。

1982年1月,波兰境内残余的团结工会成员所组成的"全波抵抗委员会"(the All-Poland Committee of Resistance)发表了第一份公告。不久,他们建立了由兹比格涅夫·布亚克(Zbigniew Bujak)和波格当·里斯(Bogdan Lis)等人为领导的临时协调委员会(the Interim Coordinating Commission,波兰语简称TKK)以负责主管波兰国内的地下反抗运动。[1]

同时,团结工会国际处主管沃奇克(Magda Wojcik)

---

[1] Andrzej Paczkowski, *The Spring Will Be Ours: Poland and the Poles from Occupation to Freedom* (Pennsylvania: Pennsylvania State University Press, 2003), p.457.

希望不只在波兰境内,而是要在波兰外也建立统一的团结工会信息中心,她在给科恩的一封信中解释道:虽然由团结工会海外流亡者建立的统一组织尚未形成,但这个信息中心能够让各个国家的团结工会成员聚集到一起……但这个中心并非一个领导机构。[①] 这一呼吁并没有很快得到响应,因为在其他地区的团结工会海外流亡者认为此类机构可能会削弱他们业已开展的支持团结工会的活动。不过出于方便散落各地的流亡者开展合作与统一资金调度的考虑,这一安排很快被提上议程。

1982年7月1日,针对团结工会海外办事处各自为政的情况,里斯写信呼吁在布鲁塞尔建立一个由深谙组织经验的耶日·米尔斯基(Jerzy Milewski)领导的团结工会海外协调办公室。18日,多名团结工会重要成员在奥斯陆讨论并宣布成立一个协调各个海外团体的协调办公室。它处于各国团结工会联络组织的核心位置,其任

[①] Gregory F. Domber, "Supporting the Revolution," p.132.

务在于广泛且有效地协调对波兰国内团结工会的支持，与工会及国际组织合作，并告知公众团结工会在波兰境内面临的真实状况。29日，布鲁塞尔办公室与当时组织较为完备的巴黎团结工会委员会进行了联系，并很快在巴黎设置了一个分支机构。①

8月1日，米尔斯基给柯克兰德写信进行了交流，米尔斯基在信中概括了布鲁塞尔办公室的角色和职能，强调了他们负责向波兰境内的团结工会成员快速地提供大量印刷机、无线电广播设备和资金，并表示希望能够从柯克兰德那获得17.5万美元的运营费用和80万美元购买必要设备的资金支持。随后，他得到了劳联—产联提供的20万美元以购买必要的物资和设备。②

如此一来，劳联—产联和团结工会在波兰境外的合作网络形成，此时，问题就在于如何将这些在海外获得的

---

① Domber F. Gregory, "The AFL‐CIO, the Reagan Administration and Solidarnośĉ," *The Polish Review*, Vol.52, No.3 (2007), pp.277‐304.

② Gregory F. Domber, "Supporting the Revolution," p.134.

资金和设备偷偷运入已经戒备森严的波兰境内,再转交到业已被取缔、隐藏在社会角落的团结工会成员手中。实际上,正如米尔斯基在信中对柯克兰德的回应,支持团结工会委员会已经找到了将物资运入波兰的渠道。时任委员会联合主管的拉索塔通过联系其在波兰境内的朋友,将违禁书籍和少量现金藏匿在一些普通物件中,并将其伪装成医疗用品运往波兰。因为当时美国依然向波兰提供一些人道主义救援物资,所以拉索塔相信波兰当局不会彻查这些包裹,即使有部分被查出,她也能保证大多数物资能够平安送至团结工会手中。①

因此,在戒严令颁布后不到一年的时间里,劳联—产联已经协助团结工会建立起了完善的海外工作基地和合作网络,它们源源不断地为波兰境内的地下活动提供资金和设备。最重要的是,这些构筑起的秘密物资运输通道很快被负责隐蔽行动的中情局所重视,因此,除了柯克

---

① Gregory F. Domber, "Supporting the Revolution," p.135.

兰德希望得到政府的承认与鼓励外,中情局局长凯西也想通过劳联—产联推动其隐蔽行动的进展。两个部门在对波隐蔽行动上的协商与合作开始了。

二、 中情局进入波兰

对于柯克兰德对团结工会的援助活动,凯西对其进行了高度的评价,他认为劳联—产联在当时对团结工会的支持工作,甚至比中情局做的还要好。[1] 他也强调通过劳联—产联开展对团结工会的隐蔽支持将会极具成效,但实际上中情局与劳联—产联的合作一开始并不愉快。

1981年9月,凯西试图从劳联—产联那里获取一些关于团结工会的情报,于是他给劳联—产联国际部一位

---

[1] Robert M. Gates, *From the Shadows*, pp.237-238.

高级官员欧文·布朗(Irving Brown)打了一个电话："你们在波兰所从事的是一项伟大的事业,要坚持下去,因为这项事业正在使共产党人陷入混乱。我们一直关注着你们的报道。"在吹捧了近20分钟后,凯西转入正题,他想和团结工会的高层领导人进行接触,并且想从劳联—产联那得到关于波兰内部情报的资料。"我们所得到的波兰情报统统都是废纸。"对特纳领导下的中情局怨念颇深的凯西忍不住向布朗抱怨。

布朗是一个毫不妥协且锋芒毕露的人,早在1948年美国干预意大利选举时,他就充当了美国对非共产党人进行秘密援助的渠道。他似乎并不为凯西的拐弯抹角所打动,直接询问他:"你需要我做什么呢?"

实际上,凯西想在波兰找几个中间人,尤其是那些能够与团结工会联络的人员,于是他询问布朗是否能够与中情局合作。

"不行。"布朗的回答让凯西感到气馁,"此类合作一旦公之于众,将损害团结工会的可靠性,并且让苏联人得到口实,即劳联—产联就是中央情报局。他们总想得到这样的口实,从而指责我们缺乏诚意。"

虽然凯西希望的合作并未成功,但一定程度上劳联—产联还是在情报的收集与传达上帮助了中情局在波兰的隐蔽行动。据波因德克斯特回忆:布朗为中情局提供的情报完全符合事态发展,他对美国的政策很了解,并且在欧洲与工会领导人见面时,能够传达我们的政策,也能收集情报。我要求他为我们办一两件小事情,但绝大多数情况下是为我们提供了情报。①

中情局与劳联—产联的合作只是其对波隐蔽行动的一部分,在更多时候,劳联—产联只是为中情局提供了一个可隐蔽进入波兰的选择渠道而已。其实,不像劳联—产联那般反应迅速,中情局对团结工会的隐蔽行动的考量经历了一个缓慢的启动期。

---

① Peter Schweizer, *Victory*, pp.59-62.

在经历了70年代情报系统和行动部门的低效后,凯西担任局长的第一件事就是大幅改组了中情局的职能部门,他恢复了特别行动处(Special Operations)来对隐蔽行动进行直接管理,使中情局在执行隐蔽行动以及在情报搜集上重新扮演积极角色。他还和克拉克要求,在《每日总统简讯》(President's Daily Brief)中写上包括对波隐蔽行动和局势分析的情报。

在中情局改组、里根对东欧政策基本成型后,美国政府主导的隐蔽行动形成了一个新的分工框架:里根决定着轨道应当通向哪里,国家安全委员会成员负责修筑轨道(虽然他们的地位较之前任已经大幅降低),凯西和温伯格负责确保列车到达目的地。而由于里根对隐蔽行动的高度重视,凯西便当仁不让地处于隐蔽行动战略的核心地位,以至于成为美国历史上最具权势的中情局局长。

1981年2月,得到了里根信任的他还对隐蔽行动的咨询程序进行了根本性的改组,以彻底脱离国会对隐蔽行动计划事无巨细的监督和限制。他建议由国家安全规划小组单独拟订隐蔽行动,事先无须通知小组成员所讨论的内容,文件全由凯西及其助手准备,会议开始后才分发文件并当场讨论,其他人员一律不介入。①

对此,时任总统情报监督委员会主席的格伦·坎贝尔(Glenn Campbell)回忆道:"凯西在某种程度上将自己看作国务院和国防部——他无处不在,无所不为。"②

虽然政府对中情局对波隐蔽行动的授权是在1982年底以QRHELPFUL行动的名义正式确认的,但早在总统签署文件之前,中情局就已经开始了在波兰的各项行动。

对波隐蔽行动最先从经济领域开始,虽然美国对波兰进行了公开的经济制裁,但仅限制双方经济往来对波兰的影响有限,公开的经济制裁或许无法迫使波兰做出政治让步,于是里根将目光投向凯西和温伯格领导的隐蔽经济遏制行动,希望以此迫使波兰做出让步。在1981

---

① Peter Schweizer, *Victory*, pp.18-19.
② Peter Schweizer, *Victory*, pp.6-8.

年7月初,里根就指示内阁使用一切可能的手段保护团结工会并促进波兰改革,财政部部长里甘(Donald Regan)等人怂恿一个由11家银行组成的指导委员会要求华沙立即偿还约27亿美元的贷款。一个月后,在巴黎召开的讨论向波兰提供贷款的咨询会议中,美国坚持以波兰的政治经济改革为向其提供贷款的先决条件,使波兰无法再依靠向西方借贷度过危机。[1]

戒严令后,经济上的隐蔽遏制更为强硬,鉴于波兰对外国贷款的高度依赖,里根政府自戒严令后马上通过对财政部、商务部和银行界的游说,对波兰政府的贷款要求展开限制,并说服国内外其他金融组织重新评估波兰的还贷日期,要求其尽快偿还贷款。温伯格积极投身对国际金融界的游说工作,推动他们停止向苏联和波兰贷款。时任大通曼哈顿公司副总裁的罗杰·鲁滨逊在与温伯格合作处理此事时道出了里根如此看重这项工作中微妙的

---

[1] Gregory F. Domber, "Supporting the Revolution," p.71.

隐蔽之处：政治干预和强迫命令在银行界行不通，但通过与银行家私底下悄悄接触的方式——选择性地与银行家进行私下会面，阻止其向苏联提供不受约束的新贷款更容易获得成功。[①]

此项工作的目的是动摇银行家们继续向苏东国家发放贷款的信心。这是由于当时的银行家们在70年代与苏东国家打交道的过程中总结出了一个"保护伞理论"：苏东国家的集权体制能够限制市场的贸易和金融行为以维护其债务记录和债务水平；也由于苏联重视其在国际金融市场中的良好信誉并且拥有足够的黄金储备以应付金融危机，所以一旦苏东卫星国无法偿还贷款时，莫斯科就会以维护良好信誉的最终担保人的身份确保债务的偿还。[②] 温伯格和鲁滨逊的努力就是要扭转这一理论的假设，要让银行家们认识到莫斯科还债能力不足的风险。

[①] Peter Schweizer, *Victory*, pp.72 - 73.
[②] Gabriel Eichler , " A Banker's Perspective on Poland's Debt Problem," in Marer and Siwinski , *Creditworthiness and Reform in Poland* (Bloomington: Indiana University Press, 1988), p.202.

按照鲁滨逊的建议,凯西想方设法阻止西方向波兰提供短期信贷,因为这种信贷能够让华沙拥有偿还债务的能力,他认为如果暂缓这些贷款,那么莫斯科就将被迫插手。退而求其次,就算没能阻止银行家向波兰当局放贷,也要阻止他们对包括苏联在内的问题成山的东欧债务国提供更多贷款。① 这是一种巧妙地利用信贷市场对国家安全目标——迫使雅鲁泽尔斯基解除戒严、释放在押政治犯——进行操控的手段,让美国政府不必染指波兰境内复杂的局势就能达成目的。②

1982年一整年中,美国对苏东国家的金融市场的打击就没有中断过。4月26日,商务部负责国际贸易的副部长奥尔默(Lionel Olmer)对国际银行家们警告道:向苏联集团提供贷款充满了风险。在随后的美国对外贸易银行第61届年会上,他又以类似语调宣布:"苏联不断增长的危机将和波兰一样给放贷人带来风险。"同时,他也

---

① Peter Schweizer, *Victory*, p.73.
② Bennett Krovig, *Of Walls and Bridges*, pp.260 – 261.

呼吁美国的盟友限制与苏联集团的经济往来,其中西德已经关闭了对苏联的金融交易。①

来自各个借贷方的债务压力对波兰的损伤是巨大的,波兰国内社会经济滑入崩溃边缘,雅鲁泽尔斯基希望以军事管制保证社会局势平稳过渡的计划陷入僵局。鲁滨逊在这项行动中发挥的角色让美国政府印象深刻,他不久后便被邀请进入国家安全委员会,专门负责国际经济事务。

1982年,包括波兰在内的东欧国家经济因此遭受重创,许多国家首次遇到了支付贷款能力不足的问题,它们不得不向苏联求援,这正中美国下怀,因为苏联为了维持当地共产党政权的统治,每年被迫拿出10亿到20亿美元加以支持,而它所给予的援助既无法满足重建波兰国内经济的需要,更拖累了苏联自身经济发展。1982年底,波兰所有主要经济数据较1978年都有所下降,降幅

---

① Clyde H. Farnsworth, "U.S. Stresses Risks of Credit to Soviets," *The New York Times*, April 27, 1982.

最大的甚至高达 50%。①

在经济战如火如荼进行的同时，凯西也不忘他原来在战略情报局行动处的老本行。

从 1982 年 2 月开始，波兰境内的反对运动就在政府的压制下开始悄然复兴。在弗罗茨瓦夫和格但斯克等地又有罢工和反对游行出现。② 针对波兰内部的变化，凯西提议并制订了一项对团结工会的资助计划，这项计划由四个部分组成：1. 向团结工会提供有决定意义的资金以维持其活动；2. 提供先进设备，为团结工会组建有效的地下 C3I 网络，即具有指挥（command）、控制（control）、通信（communication）和情报（intelligence）的通讯平台；3. 对经过挑选的人进行培训，使他们能够使用所提供的先进设备；4. 动用中情局的情报资源给团结工会充当耳目，分享重要情报。③ 里根和坎贝尔对凯西的这一提议

---

① Gregory F. Domber, "Supporting the Revolution," p 249.
② Andrzej Paczkowski, *The Spring Will Be Ours*, p.454.
③ Peter Schweizer, *Victory*, p.75.

都十分感兴趣,但他们也认为这项计划可能有些风险,因为它直接将美国政府拖入了波兰国内政治风暴中。

为了打消里根他们的疑虑,凯西建立了一个复杂的国际金融网络以避免别人觉察到其资金秘密流入波兰境内的团结工会之手。由于波兰货币兹罗提在其境内并不能与美元兑换,所以如何让团结工会能够使用中情局提供的资金便成为一个难题,凯西发现有一些欧洲公司在无意中通过为合法项目建立银行账目以将其资金转移到波兰的办法似乎可取,因为这些款项能够在电子转账中自动兑换为兹罗提。他随即找到一家公司帮忙建立了一个单独的银行账户,到4月初,为团结工会提供财政援助的秘密渠道建立起来了。[①]

除了资金渠道的建立,凯西期待已久的与团结工会

[①] 据坎贝尔后来回忆,在高峰时期,每年有800万美元的资金通过这一渠道进入团结工会手中。他曾钦佩地赞许凯西在隐蔽行动上的努力:"他是一个秘密提供资金的高手,他每年都能弄到几百万美元,但其他人却从来不知道他是如何把这些钱偷偷运往波兰的。"Peter Schweizer,*Victory*,pp.76,86.

成员直接接触的机会悄然到来。早在1月底,中情局在西德与团结工会的流亡者进行了接触,这些流亡者充当了凯西线人的角色。通过他们,中情局终于可以与在铁幕另一边遭到打击的团结工会取得联系,他们初步安排了会面地点和时间,并且中情局希望团结工会方面能够派出一位高级领导人。2月初,中情局的两名波兰裔美国人从维也纳乘坐"肖邦"号列车前往波兰,他们携带着假身份证和情报,计划与团结工会在波兰的残余人员接头,接见他们的是此前团结工会格但斯克的发言人莱赫·邦德科夫斯基(Lech Badkowski)。二战期间邦德科夫斯基曾在伦敦参加过波兰流亡政府组建的海军,此后他一直秘密地与英国情报部门保持联系,如今,他主张与西方取得联系才是拯救团结工会运动的唯一希望。他们与团结工会成员在华沙西郊的济拉多夫(Zyrardow)进行了会面,这是戒严令后西方与团结工会的首次接触。会面氛围十分紧张,由于受到了波兰当局的通缉,邦德科夫斯基面色凝重、神情焦虑,而两位中情局特工也担心波兰当局将他们一同逮捕。会面进行了6个小时,讨论了团结工会最需要的援助以及如何提供和运输资金、提供何种设备、支持力度应该多大等问题,邦德科夫斯基明确表示西方应当给团结工会"无条件的支持",两位特工随即将一个特殊账户告诉了他。而就在特工们回到美国后不久,2月17日,波兰保安部队对该地进行了一次大规模搜捕活动,两天之内逮捕了4000人,这两名特工的身份也被识破。[1]

得到了团结工会回应,凯西现在面临的下一个问题就是:如何将团结工会需要的设备运入波兰。不同于能够通过电子账户转入的资金,这些体积庞大的办公设备和无线电通信工具难以掩人耳目地送到团结工会手中。中情局对此进行了多次探讨,初步形成了两种看法:其一是将这些设备作为外交物资带进波兰,再将其与其他物资混装起来偷偷从美国大使馆运输出去,交给团结工会。

---

[1] Peter Schweizer, *Victory*, p.84.

这一想法很快被否决,因为在当时,美国大使馆已经被波兰政府安排的部队和民兵层层监视。第二种设想是委托教会将这些违禁品作为救济物资运进波兰,但当时中情局和教会方面的来往并不频繁,双方在信息共享方面也存在问题,凯西并不想冒这个风险。

正当中情局一筹莫展时,以色列人带来了好消息,他们的情报组织发现了一个线人,此人不单是格但斯克的居民,还是当地一家造船厂的经理,他愿意安排将两船物资运送进波兰。和劳联—产联一样,他们选择从瑞典起运,将提供给团结工会的设备当作工程设备瞒天过海,而这个线人的任务就是在波兰海关和安全人员对这些设备进行检查之前将其悄悄运往团结工会的藏身之处。如此,团结工会领导人就能够与他们分散在全国各地的成员取得联系,从而避免一些危险。这也是凯西 C3I 网络的重要一环,为团结工会提供能够进行指挥和控制的基本设施。①

---

① Peter Schweizer, *Victory*, pp.85 – 86.

不久,中情局在以色列、西德乃至波兰国内都与团结工会建立了联系。虽然通信设备在运输过程中出现了麻烦,但终归还是平安送到了团结工会的手中,4月,华沙居民首次听到了来自团结工会呼吁他们进行总罢工的播音。①

凯西的目标绝不仅仅是让团结工会能够在国内相互联系那么简单,3月底,他召集行动处人员讨论对团结工会支持的下一个目标——让中情局作为团结工会的耳目。他认为团结工会需要波兰最高当局的情报,这样他们才能预测当局下一步的行动。他已经了解到在波兰政府内部有许多团结工会的支持者,其中一些位居高位,但目前缺乏一种能够维护情报传送渠道能力的系统,他寻求美国驻华沙大使馆的帮助,向那派遣了一队由中情局和国家安全局组成的联合小组以开展电子情报活动。②

这个小组以大使馆正常轮换雇员的身份进入华沙,

---

① Peter Schweizer, *Victory*, p.89.
② Peter Schweizer, *Victory*, pp.89-90.

利用高科技的窃听设备和高超的业务技能对波兰通讯线路进行窃听,搜集了大量关键情报。此时,凯西想建立一个能够为处于地下的团结工会规避政府打击的风险预警系统:如果波兰政府进行打压行动或诱使团结工会领导人从藏身地点里出来,那么中情局就能为团结工会发出警告以保证他们的安全。1982年底,随着里根签署授权中情局进行对波隐蔽行动的 QRHELPFUL 项目,凯西名正言顺地将这些已经建立好的情报网络整合进这一行动框架中:他构建了一个以中情局总部为大脑、以位于巴黎的中情局站点为信息枢纽、其他欧洲各分支(如伦敦、波恩以及地处华沙的美国大使馆)为辅助的隐蔽行动合作网络,为团结工会提供资金、情报和必要的设备。同时,他继续保持与英国、以色列等国情报机构的联系。

不过眼下,对于凯西而言,最重要的是如何将他收集到的这些信息通知在波兰境内被严密监视的团结工会。凯西想到了他的老朋友——从1981年起主管美国新闻署长达8年的查尔斯·威克。

三、广播领域的秘密战争

里根和威克的友谊由来已久，从1950年代开始，他们的家族成员就已经相互认识，甚至每年平安夜两家人都会聚在一起共进晚餐。70年代末，长期从事国际媒体工作的威克认识到里根将是一位能恢复美国海外形象的理想总统。他为里根竞选募集了大量资金，大选前夕，他在加利福尼亚和纽约举行了大型募捐会为里根造势。里根获胜后，他甚至花了8000万美元为其举办了华盛顿有史以来最大的总统就职庆典。而他自己也在里根当选后如愿以偿地在1981年3月7日被任命为国际交流署署长（International Communication Agency，1978年美新署改名为国际交流署，1982年在威克的提议下改回美国新闻署原名），他与总统的亲密关系使他能够更为直接地参与到政策设计制定中，他也常常被邀请参加国家安全委员会的讨论和每周四的工作午餐会中。白宫发言人斯皮克(Larry Speakes)回忆:除了总统外,我总是要见的两个人——一是里根夫人,二是查尔斯·威克。①

但在威克上台伊始,美国的外交宣传并不如意。经历了漫长的越战和70年代的东西方缓和期之后,美国的公共外交和宣传显得"笨拙无能、无动于衷",②社会也渐渐失去了对宣传战的关注,在与苏联的海外宣传较量中处于下风。据中情局的估计,苏联花费约22亿美元用于海外宣传,而相比之下美新署的预算仅4.8亿美元。里根在年轻时见识过无线广播给社会关系带来的巨大冲击,他曾在爱荷华州的世界卫生组织广播站工作过,亲眼见识了广播所创造出的广播员与听众间的亲密氛围。此后,他便将冷战视作"理念之战和意志的考验"。穿透"铁幕"的无线广播在里根看来有着与国家安全一样的高度

---

① Nicholas John Cull, *The Cold War and the United States Information Agency*, p.404.
② Mark Hadley, *The Word War* (Growing Faith, 2014), p.284.

重要性。[1] 他在电影业做演员的经历更加让他确信了这一看法。为了改变在广播领域的被动局面，1980年3月，里根承诺要让世界相信美国体制，并在同年10月的电视采访中表示将改变卡特时期的外交政策，强调要加强美国新闻署、"美国之音"和"自由欧洲"电台的作用。[2]

深谙宣传之道的威克一上任就趁着波兰戒严令发布造成的紧张事态以各种手段成功扩大了财政预算，让美新署摆脱了财政困难的窘境，也扩大了美新署的业务范围。

其中最显眼的两个项目便是威克启动的民间倡议（Private Sector Initiative）和真理工程（Project Truth），这两项关键的项目强化了美新署的能力：前者解决困扰

---

[1] Peter Schweizer, *Reagan's War*, p.196.
[2] 到1984年，新闻署接收政府拨款达到了6597万美元，相较于1981年威克刚刚上任时增长了超过2000万美元；而在里根第一任期行将结束时，威克治下的新闻署在资金流转上比卡特时期提高了近46%。参见 Nicholas John Cull, *The Cold War and the United States Information Agency*, pp.399–400, 406.

美新署已久的资金和人员不足的问题,主要负责此任务的美新署民间活动处通过向民间组织的非营利性活动提供帮助和支持以获得民间组织的资助,从而利用民间的财力物力推行美国的公共外交;后者负责国外的宣传战,主要是回击苏联国际宣传中对美国的诋毁和抹黑。为了解决当时有人认为"自由欧洲"电台对共产主义抱有同情、对共产主义国家的批评程度不够的观点,① 威克给"真理工程"增加了三项活动:他们出版《苏联宣传警报》(*Soviet Propaganda Alert*)以分析苏联宣传的内容和动向、电告所有驻外新闻处苏联宣传中对美国的一些具体的诋毁和中伤,由无线通讯社发布反映美国生活中各种积极的方面或利用反共的简洁有力的新闻评论进行反驳。② 如此一来,威克希望美新署能够应付苏东国家强

---

① Arch Puddington, *Broadcasting Freedom: The Cold War Triumph of Radio Free Europe and Radio Liberty* (Lexington: University Press of Kentucky, 2003), p.256.
② 韩召颖:《输出美国:美国新闻署与美国公众外交》,天津:天津人民出版社,2000年,第127页。

大的媒体宣传攻势。

当凯西找到威克寻求帮助的时候,威克决定把"美国之音"当作情报发送工具对团结工会提供必要的信息。威克表示:"这是为了国家利益,因此只要这些情报不损害节目的完整性,我们就会将它们播出。"[1]

"美国之音"设立在慕尼黑的基站是美新署最早建立的广播站之一,其发射的信号可以覆盖到波兰、匈牙利和捷克斯洛伐克等地。[2] 借助完善的通信设备,这些情报很快以一系列复杂的密码转播出去。在特定的时间,"美国之音"的播音将会使用特定的代码或短语,比如一首歌曲或特殊节目,它们可能都代表一个即将发生的打击行动、特殊货物的到达信息或一次会议的时间与地点。原则上"美国之音"的章程是禁止向外发送情报信号的,但凯西认为在当时令人绝望的局势下,即使违背了某些原

---

[1] Peter Schweizer, *Victory*, p.89.
[2] Fitzhugh Green, *American Propaganda Abroad: From Benjamin Franklin to Ronald Reagan* (New York: Hippocrene Books, 1988) p.87.

则也是值得的。[1]

虽然美新署始终号称将进行客观、真实的报道以让人接受,但实际上它与中情局在政治军事领域的合作由来已久:在越战期间美新署就负责协调美军在越南的心理战活动,为此进行了大量舆论上的攻势。所以当80年代中情局找到美新署合作时,他们对此并不陌生。

协助中情局进行隐蔽行动是美新署在波兰的主要任务,而且以它为首的宣传攻势要远远早于中情局迟滞的隐蔽行动计划。

相比于"美国之音"和美新署的干预,"自由欧洲"电台波兰语频道由流亡海外的波兰人直接运营,并标榜自己为独立的、不受政府指挥的自由电台。但"自由欧洲"电台实际上是由美国政府资助运营的,主要受到中情局的直接领导,但两者在相当长的一段时期里都互不承认

---

[1] Peter Schweizer, *Victory*, p.89.

关系，以便"自由欧洲"电台能够打着民间旗号，掩盖官方身份，进行颠覆活动和灰色宣传。①

在80年代之前，它就长期为波兰境内的反对派提供新闻和情报，并以其信息的真实性和及时性使波兰人倍感认同。② 在1976年波兰境内爆发罢工运动时，以"自由欧洲"电台为首的西方媒体就热衷于报道波兰境内堪忧的人权状况以对当局施压。当1976年末因波兰政府对罢工活动的处理不当导致危机恶化时，"自由欧洲"电台、英国广播公司BBC和梵蒂冈广播便开始尖锐地质疑波兰人权政策，尤其是工人所诉求的公民权利。它们还夸大了波兰国内的社会经济危机，以此批评社会主义国

---

① 韩召颖：《输出美国》，第176—177页。
② 据米奇尼克回忆：在50、60年代，海外波兰移民和"自由欧洲"电台在波兰国内并没有好名声，他们与国内的波兰人多多少少存在隔阂。在很多波兰人看来，这些移民不愿帮助祖国，为了美国人的金钱肆意诋毁波兰。这一情况在国内政治审查愈发严格之后有了改变，因为波兰民众发现他们能够从这里获得更多、更真实的关于自己国家的新闻。M. Nelson, *War of the Black Heavens* (Nebraska: Potomac Books, 1997), p.158.

家的政治制度与社会政策。[1]

当 1979 年教皇保罗二世首次访问波兰时,"自由欧洲"电台全天候地向波兰民众展现了教皇行程的方方面面。时任"自由欧洲"电台波兰语分部的米查洛维斯基(Zygmunt Michalowski)表示:"自由欧洲电台的首要目的就是全景式地报道教皇的每个动作、每个单词……让共产党人试图对教皇进行审查的伎俩曝光。"[2]相较于波兰当局每天只有在晚间新闻时才给教皇两分钟时间的新闻报道,波兰民众自然倾向选择收听每天超过 8 小时专题报道保罗二世的"自由欧洲"电台。1980 年格但斯克工人罢工时,"自由欧洲"电台也跟进报道,并与教会媒体频频向当局施压,迫使其在 9 月 22 日做出让步——首次通过官方媒体播放了维辛斯基主教的弥撒活动。

---

[1] A. Ross Johnson and R. Eugene Parta, *Cold War Broadcasting: Impact on the Soviet Union and Eastern Europe* (New York: Central European University Press, 2010), p.399.

[2] Michael Dobbs, "Pope's Words Pierce East's Blackout," *Washington Post*, June 7, 1979.

戒严令发布后,美新署的攻势愈发猛烈,"自由欧洲"电台和"美国之音"都加强了对波兰国内政局的报道,其中"美国之音"的波兰语服务马上从一天四个小时延长至七个小时,尽管受到技术干扰,但依然有超过 40% 的波兰成年人接收到了"美国之音"的广播。[1] 而"自由欧洲"电台则更进一步,它不断为团结工会建立秘密政治大本营,并长期煽动波兰国内工人,宣传要进行总罢工。[2]

"自由欧洲"电台在波兰的工作是由居住在英国的波兰流亡者纳吉德(Zdzislaw Najder)主管的,他负责"自由欧洲"电台的波兰语频道。纳吉德在华沙时曾因意图出版反政府刊物被指控,后来被驱逐出波兰,流亡至英国担任大学教师。在他的经营下,电台不断加强对东欧的影

---

[1] Nicholas John Cull, *The Cold War and the United States Information Agency*, pp.404 – 406.

[2] United States of America Policies Toward Poland in light of facts and documents(1980 – 1983),转引自 Paweł Machcewicz, *Poland's War on Radio Free Europe*, *1950 – 1989* (Washington, D. C.: Woodrow Wilson Center Press, 2014), p.236.

响力,声称他们最关心的就是波兰的国家利益,并着重关注波兰国内可能对未来产生影响的政治事件,集中评论波兰国内的政治发展。[1] 他增强了旨在一切领域可能催化波兰共产主义体制崩溃的行动,意图在波兰境内制造叛乱;并尝试影响波兰教会,阻止他们与波兰政府的缓和意向;同时"自由欧洲"电台也与梵蒂冈合作,每每教皇访问时都对其进行连篇累牍的报道,尽力扩大其影响力。在波兰政府看来,"自由欧洲"电台的行为就是在不断地给波兰制造危机,是打着搜集信息的幌子进行政治宣传和激化社会矛盾的间谍行动。[2]

"自由欧洲"电台的报道不仅潜移默化地改变了波兰民众的态度,甚至还间接影响了波兰政府的决策。决策层一方面采取各种办法阻止、攻击电台的国际广播行为;同时将它们视为重要的信息来源,他们抄写广播信息并

---

[1] Arch Puddington, *Broadcasting Freedom*, p.x.
[2] A. Ross Johnson and R. Eugene Parta, *Cold War Broadcasting*, pp.405-406.

将其分发给政治局和负责媒体与军事的官员进行分析,其中雅鲁泽尔斯基格外热衷于情报的搜集,通过"自由欧洲"电台他得以了解公共舆论的走向和对政权的评价。①

而在美国国内,宣传战的进度也并未落下。1981年12月19日,黑格批准了一份关于全球战略的文件,其中就包括"与国际交流署和国际广播委员会(Board for International Broadcasting)进行合作,强化反对苏联的国际广播工作"。②

很快,美国就占据了主动。12月20日,波兰驻美国

---

① A. Ross Johnson and R. Eugene Parta, *Cold War Broadcasting*, pp. 147-148.
② "Poland: Current U. S. Geopolitical Options," dated December 19, 1981, in Poland 1980-1982.38;国际广播委员会是在尼克松时期建立的负责监督和管理"自由欧洲"电台的政府机构,该组织接管了原本由中情局资助的广播战并负责这些站点的运营与管理。该委员会的目的在于支持"自由欧洲"电台,为其提供有效的手段推动苏联和东欧国家人民进行有效的建设性对话。Sudarsan V. Raghavan, Stephen S. Johnson, and Kristi K. Bahrenburg., "Sending cross-border static: on the fate of Radio Free Europe and the influence of international broadcasting," *Journal of International Affairs*, Vol. 47, 1993.

大使斯帕索夫斯基找到斯坎伦寻求政治庇护,他是当时在戒严令后多名选择背叛波兰政府的外交官中的一员。次日,《纽约时报》就刊登了斯帕索夫斯基谴责雅鲁泽尔斯基的文章,文章强烈批评了"粗鲁且非人性"的戒严令和军事管制导致大批学者和工人入狱,他希望美国人,尤其是波兰裔美国人能够关注并支持团结工会的活动。[①]里根随即接见了斯帕索夫斯基及其夫人,在表示了自己对波兰和苏联政府的愤慨和对波兰人民的同情后,白宫意识到斯帕索夫斯基将成为他们在宣传战上一个强有力的武器。

在威克的组织下,国际交流署咨询委员会的成员们迅速讨论了利用斯帕索夫斯基打击波兰政权合法性的方法。负责宣传工作的官员们蜂拥而至,《华盛顿季刊》的执行主编韦恩斯坦(Alien Weinstein)、身兼交流署顾问

[①] "Transcript of the Statement Made by the Polish Envoy on His Resignation: Professors Put in Prison 'Solution by Dialogue' Asked Salute to People of Poland," *The New York Times* (Dec. 21, 1981).

的《评论》编辑波德霍雷茨(Norman Podhoretz)等人都到场,他们关注的要点实际上是一样的——让媒体保持对团结工会的热度,引发一场对抗波兰政府的道德浪潮。①

凭借强大的财力和号召力,威克很快组织起了一次大型媒体宣传。1982年1月5日,里根为威克精心安排了对团结工会的声援"让波兰成为波兰"(Let Poland Be Poland)的宣传。几天后,美国外交官们开始给日本、西欧和澳大利亚政府施压,要求他们参加到这次声援中来,他们引用里根在圣诞节讲话中的词语,将这次声势浩大的活动命名为"为波兰人民点上一支蜡烛"(Light a Candle for the People of Poland)。美国政府把包括里根、撒切尔夫人、演员奥森·威尔斯(Orson Welles)和歌手法兰克·辛纳屈(Frank Sinatra)在内的各国名流政要对团结工会的支持录像拼凑在一起,制作了一个90分钟

---

① Memorandum of Meeting, "U. S. Response to Polish Crisis", December 22, 1981, NSA, Soviet Frashpoints, Box 26, December 1 - 22, 1981.42. 转引自 Gregory F. Domber, "Supporting the Revolution," p.107.

的短片,配上波兰危机中的照片向全世界50个国家播放,3亿人观看了短片。这次活动威克花费了超过35万美元,但收获的评价却褒贬不一,它受到了东西方的负面评价——苏东国家讽刺这是一场赤裸裸的"北约秀"(NATO Show),而在西欧它也受到了冷落,英法媒体普遍评价其为过于夸张的政治宣传。[①] 甚至许多美国公共电视台拒绝播放该节目;在西欧,大多数电视台只在晚间新闻时播放了一些这个节目的高潮片段。而出版业对威克的抨击更为苛刻,他们认为美国政府这是在利用波兰人的痛苦遭遇来进行粗浅的政治宣传:《时代》杂志指责这种"众星云集"的电视节目是对军事镇压的不恰当反应;而BBC则直接宣称这个节目是一个"彻底的失败"。总体上,反对者们认为这个演出无聊、愚蠢且浮夸。[②]

不过来自媒体的批判并没有打消里根和威克在宣传

[①] "TV Program on Poland Is Criticized by Many," *The New York Times* (Feb. 02, 1982): A8.
[②] Fitzhugh Green, *American Propaganda Abroad*, p.194; Gregory F. Domber, "Supporting the Revolution," p.108.

战上的热情。就在声援团结工会的电视节目播出前不久，伊格尔伯格写信给黑格，希望能够加强美国在波兰和其他东欧地区的无线广播活动。黑格立马表示同意，并将其写入备忘录发送给了里根、威克和曾任美新署署长的国际广播委员会主席弗兰克·莎士比亚(Frank Shakespeare)，让他们重新关注在东西方缓和时期被忽视了的无线广播在波兰危机中的重要性。[①] 莎士比亚很快也给各大电台进行了换血，让那些强硬派担任要职——原纽约市议员詹姆斯·巴克利(James L. Buckley)担任"自由欧洲"电台和"自由"电台的主席，为施普林格出版社(Springer Group)工作的乔治·贝利(George Bailey)成为"自由"电台的主任，[②]此前在BBC广播工作的匈牙利人乔治·乌尔班(George Urban)则主管"自由欧洲"电台的业务员。对于这一系列美国在宣传领域系统的强硬化转向，

---

① Gregory F. Domber, "Supporting the Revolution," p.109.
② "自由"电台(Radio Liberty)与"自由欧洲"电台一样接受美国新闻署管理，并于1976年同"自由欧洲"电台合并。

乌尔班后来回忆:"莎士比亚、贝利和我一同清理掉了'自由欧洲'电台内部的缓和派们。"①

1982年1月14日,里根签署了第77号国家安全决议指令《有关国家安全的公共外交管理》(NSDD77)。NSDD77号文件决定在国家安全委员会下设立特别规划组(Special Planning Group),成员包括国务卿、国防部长、美国新闻署署长和国际开发署署长等,其目标在于全面规划、指导、协调和监管公共外交行动的执行,确保其能够广泛支持美国国家安全政策有效性。为协助特别规划组履行职能,文件还设立了公共事务委员会(Public Affairs Committee)、国际情报委员会(International Information Committee)、国际政治委员会(International Political Committee)和国际广播委员会(International Broadcasting Committee)四个长期的跨部门委员会负责

---

① M. Nelson, *War of the Black Heavens*, pp.173 - 174.

分管特定议题并定期向特别规划组报告公共外交进展：公共事务委员会负责计划和协调美国政府定期的公共外交活动；国际情报委员会则负责计划、协调并执行涉及国家安全的国际情报行动以支持美国国家政策与利益；国际政治委员会负责计划、协调并执行涉及国家安全的国际政治行动，其中包括有组织地支持国外团体进行民主促进活动；国际广播委员会负责计划和协调美国政府资助的国际广播活动。①

仅仅三天后，17 日，里根又签发了第 75 号国家安全决议指令《美国与苏联的关系》（NSDD75），此文件将矛头直接对准苏联。这一极具里根主义色彩的文件指出："美国将在所有国际领域持续性地对苏联的扩张进行遏制并与之进行有效的竞争……美国意识到苏联的侵略性根植于国内体制……美国必须展开意识形态攻势，清晰

---

① U.S. National Security Strategy, National Security Decision Directive Number 77, available at: https://fas.org/irp/offdocs/nsdd/nsdd-077.htm.

地展示美国和西方价值观在尊重个人自由、出版自由、结社自由、自由企业和政治民主上的优越性。应当审视并强化包括推进民主、揭示苏联侵犯人权行为和无线广播政策在内的政治手段。"该文件再次强调了美国的东欧政策应当谨慎区分那些自由化、独立性程度更高的国家,并清晰地显示如果东欧国家背离自由化进程和独立外交立场,将会为两国关系付出代价。①

这两份文件初步构成了里根时期通过无线广播对苏东国家进行宣传、煽动和发送隐蔽情报的组织框架、信息内容和行动目的,形成了完善的政策执行体系,增加了通过隐蔽行动的物资和理念输出。这一套全面系统的组织模式也成为里根时期隐蔽行动的中流砥柱,NSDD75号文件的起草人马克·帕尔默(Marc Palmer)后来赞誉它

---

① U.S. National Security Strategy, National Security Decision Directive Number 75, available at: https://fas.org/irp/offdocs/nsdd/nsdd-75.pdf.

们为"外交政策榜样"。[1]

除此以外,作为技术手段的补充,6月7日,黑格将起草的国家安全文件《对戒严令的反应:我们的国际广播现代化》送至总统的椭圆形办公室,里根很快在15日批准通过了这份文件,这就是第45号国家安全决议指令《美国国际广播》(NSDD45),文件专门强调了国际广播在构成国家安全中的重要地位,指出"美国之音"将作为美国官方广播由国务卿和美国新闻署署长指导,同时完善"美国之音"在外交政策中的运行机制、确保国际广播服务于美国的长期目标。"自由欧洲"电台和"自由"电台由国会支持并受国际广播委员会监督,具有更强的独立性。[2]

这份文件在认可广播宣传的重要性的同时也为"美

---

[1] Rainer Thiel, *Nested Games of External Democracy Promotion*, p. 183.
[2] National Security Decision Directive Number 45, available at: https://fas.org/irp/offdocs/nsdd/nsdd-45.pdf.

国之音"、"自由欧洲"电台和"自由"电台三个主要电台制定了长期的发展规划,提升其技术水平和资金规模以确保在苏联和东欧地区能够抵抗共产主义政权的信号干扰。

里根的计划为美新署的无线广播设备带来了史上最大规模的现代化更新。在里根提议之后不久,威克在卡萨布兰卡公开承诺道:"为了提高'美国之音'在全世界范围内的宣传效果,我们要5年内花费10多亿美元改善其发射技术,在宣传上占据主动地位,让全世界都知道美国做的好事。"① 实际上,更新换代项目规模比威克所说的更大,它持续了整整六年、投入了数十亿美元。美新署借此建立了世界上最大的短波通信系统,100个短波信号发射器的功率得以翻倍,无数老旧发射器被替换。② 到1982年末,波兰危机推动国际广播委员会借机向国会要求更多拨款,他们要在1983财年寻求增加1320万美元进行规模更大的广播宣传。此外,国会还通过了对"自由欧洲"电台和

---

① 韩召颖:《输出美国》,第169页。
② Peter Schweizer, *Reagan's War*, p.198.

"自由"电台进行现代化更新的2130万美元的拨款。

有一则"趣事"反映出这些支出在波兰取得了显著的效果,以及波兰境内的团结工会成员在波兰和苏联的重重干扰下收听到西方的广播节目:被波兰当局囚禁的瓦文萨居然能够在监狱中听到来自BBC、"自由欧洲"电台和"美国之音"的广播。每当狱警发现他在收听这些频道时,都会将收音机换成功率更小的,但做过电工的瓦文萨每每都能将其修好、继续收听。[①]

四、里根、教会与隐蔽行动

教会在波兰事件中的角色不同于当局和团结工会,它虽然反对共产党政权的政治和宗教政策、对团结工会运动抱有好感,但又极力反对美国在戒严令之后对波的

---

① M. Nelson, *War of the Black Heavens*, p.159.

强硬政策和经济制裁。因此,教会一方面希望能够和平、人道地解决波兰国内骚乱,反对团结工会激进派过于冲动的主张和美国损害到波兰人民日常生活的严厉经济制裁,进而保持了一种与团结工会激进派和美国政府若即若离的微妙态度;另一方面教会也希望能够通过与美国的合作保证团结工会的生存,并凭借其自身的影响力直接推动波兰当局政治改革和社会自由化的进程。

在1981年12月12日军事管制开始当晚,波兰天主教会和梵蒂冈都迅速做出反应。

格莱姆普公开谴责政府放弃和平对话进程,但也呼吁民众不要采取暴力措施。[1] 不久,波兰教会向梵蒂冈发去信息通报国内情况,由于此时政府切断了教会和梵蒂冈的电话线路,保罗二世只能通过无线电与格莱姆普交谈。在了解了波兰军事管制的情况后,他不禁感叹:

---

[1] CIA National Intelligence Daily, "Poland: Test of Government's Measures", Andrzej Paczkowski, *From Solidarity to Martial Law*, p.476.

"不能再让波兰人流血了,他们已经流了够多的血……应当尽一切可能的努力和平地重建我们的家园……我向所有波兰人致敬!"[1]次日,当时在捷克斯诺伐克的格莱姆普发表了一个内容语气相似的讲话:"我们必须冷静应对现在的情况,为了保证人民的生命安全我们必须防止流血冲突。"不久后,格莱姆普返回华沙进一步阐述了他的观点:"即便受到了羞辱,我也要追问原因;即便我不得不赤脚下跪,也不能让波兰人攻击波兰人。"[2]

天主教会在波兰拥有相当大的自主权,因此当地教区能够一定程度地收留团结工会成员、为其提供必要的生活和工作用品,1982年2月初凯西派到波兰的两名特工也是因为通过藏身教会而躲过波兰当局的搜捕。所以,运用这些特权和教区之间的联系网络,教会能够有效地帮助团结工会在戒严令下的地下运动。[3] 其实在美国

---

[1] "Speech by Pope John Paul II Concerning Martial Law, December 13, 1981", Andrzej Paczkowski, *From Solidarity to Martial Law*, p.475.
[2] Gregory F. Domber, "Supporting the Revolution," p.48.
[3] Peter Schweizer, *Reagan's War*, p.182.

全面开始对波隐蔽行动之前,保罗二世与波兰国内的反对派就已经有了密切的交往,他不仅直接支持保卫工人委员会和大学生团结委员会等活动,还到过库龙、安杰耶夫斯基等人的家中进行面谈。

而美国和教会的合作也由来已久,中情局在 1977 年就制定过计划试图将"扩大天主教会的影响"作为美国实现和平演变战略目标的指导方针和重要步骤。年底,卡特总统携夫人罗莎琳、国家安全事务助理布热津斯基一行访问波兰。其中一项行程就是安排布热津斯基与红衣主教维辛斯基会见,表达对波兰天主教会的敬意和支持。此后,波兰天主教会通过布热津斯基和美国高层的联系越来越密切。1979 年 10 月,应卡特总统邀请,保罗二世以教皇身份第一次访问美国,双方对外表达了在反共和促进人权问题立场上的一致。[①] 不过,受制于教皇皮亚斯十二世(Pope Pius XII)冷漠的合作态度和中情局自身行动部门被阉割等局限,这一时期的合作效果并不明显。

---

① 吕香芝:《打开缺口:美国对波兰政策研究(1980—1989)》,第 211 页。

到里根执政时,由于保罗二世被选为教皇,情况有了改变。里根及其核心幕僚也多为虔诚的天主教徒,他们在1979年保罗二世第一次访问波兰时就对其产生了浓厚的兴趣,通过对教皇生平的了解,深感其个人魅力的强大。

为了深化与教会的合作,上台不久的里根在3月派遣威廉·威尔森(William Wilson)带着参议院的任命状赴梵蒂冈讨论建交事宜。此前,出于政教分离的考虑,美国一直没和教廷建立正式的外交关系,而惦记着梵蒂冈在东欧共产主义国家影响力的里根急于利用其推动自身的"反共事业",从而寻求改变美梵两国微妙的关系。

戒严令颁布前几个月,里根的好友、供职于美联社的约翰·科勒(John Koehler)在中欧待了相当长的一段时间,他在给里根的信件中提到他被波兰浓厚的宗教氛围所震撼。里根在读到科勒的信件后马上回复说:我对你提到的宗教复兴颇为感兴趣。尤其是在教皇访问波兰之后,我有一种感觉,那就是宗教也许将成为苏联的阿喀琉斯之踵。我得到的一些报告显示宗教活动甚至已经在俄国地下悄悄进行。此时的里根已经有意愿同教皇合作,利用教会的力量对抗波兰和苏联。

戒严令后,里根与保罗二世通电话,表达了美国对团结工会的支持并计划帮助团结工会度过这次政治危机。一周后,伊格尔伯格前往欧洲国家寻求北约盟友的协助时也去梵蒂冈拜访了教皇,他的目的除了向教皇传递和阐释美国的政策外,还希望能够影响梵蒂冈的政策。因为美国已经认识到要说服"铁石心肠"的北约盟友,梵蒂冈的公开声明将会是迫使盟友改变其政策的一个强有力的工具。因此,伊格尔伯格最重要的任务就是让保罗二世理解美国对抗波兰和苏联、支持团结工会的努力,让其做出支持美国政策的公开声明。[1]

此时梵蒂冈的态度就变得颇为复杂,教皇一方面和里根保持了长期的书信往来,其中他们就讨论了一些关于波兰的问题,不过有些问题是隐蔽的、不公开的,比如

---

[1] Gregory F. Domber, "Supporting the Revolution," p.69.

在戒严令后教皇在信件中表示了对美国经济制裁的支持。里根为了显示教皇对其政策的拥护,便公开引述了这些信件。没想到梵蒂冈对里根此举极为不满,他们认为美国的行为会让国际社会怀疑他们的政策只是美国的附庸,并马上公开宣布与美国政府保持距离。威尔森不得不赶紧去梵蒂冈澄清里根总统并不是在"命令"梵蒂冈而仅仅是一个失误。①

1982年1月29日,中情局的一份报告分析了教会时而强硬时而模糊的态度的原因:教会认为保持对戒严令的强硬态度是必要的,然而过度强硬可能导致不必要的反抗和当局的报复。并且在教会内部,格莱姆普和其他主教的看法也存在分歧。②

几天后,国务院再次秘密派遣另一位有过多次隐蔽行动经验的天主教徒迪克·沃尔特斯(Dick Walters)前

---

① Gregory A. Kinstetter, *Let Poland be Poland*, p.33.
② Central Intelligence Agency, "Solidarity Efforts to Organize, 1982.1.29", available at: https://www.cia.gov/library/readingroom/document/0000237130

往梵蒂冈向教皇传递合作讯号。到达梵蒂冈后,这位掌握八门外语的特使充分利用其语言天赋学会了当地俚语和发音,力图与教皇拉近距离。他分别会见了梵蒂冈国务卿卡萨罗利主教(Cardinal Casaroli),为了更加清晰地表达美国的立场和诚意,他还为教皇携带了大量秘密文件,其中包括摄有苏联的古拉格集中营和导弹基地的照片、涉及波兰和东欧诸国的军事机密文件。在沃尔特斯的努力下,他和保罗二世的首次秘密会见进行得非常顺利,保罗二世也认为应当保持团结工会的生存、在国际社会孤立波兰政府并且对其施加道德压力与部分的经济制裁。实际上,梵蒂冈基本同意了美国人在波兰问题上的合作请求。[1]

1982年6月7日,里根亲自拜访了梵蒂冈并与保罗二世会面,这两位都险些死于刺杀的领袖进行了长达50分钟的谈话。最后,他们决定利用教皇的道德力量和美

---

[1] Peter Schweizer, *Reagan's War*, p.182. Carl Bernstein, "The Holy Alliance," *Time*, June 24, 2001.

国的民主理念结成一个反对共产党政权的"神圣同盟"。

美国和教廷在波兰问题上表示了趋同的目标,这成为两者合作的基础。里根的目标简单而直接:他预言共产主义的末日已经到来,而他要亲手将其推翻。为此他为教皇提出了一个宏伟战略,其中就包括旨在鼓励波兰改革运动的隐蔽行动。

里根在此前就已经向教会传递了自己的看法:波兰政府试图妨碍工人运动的唯一结果就是疏远人民。而最重要的是,他们的举动会导致教会直接地反对当局。在会面中,里根开门见山地道出了他对戒严令的看法:"因为波兰的历史和宗教,我不认为戒严令会持续下去。"卡萨罗利同意里根的看法,他认为里根的观点正好符合梵蒂冈和美国的共同利益。

为此,他们达成的主要共识就是必须保证团结工会的生存,要通过秘密的资金渠道共同对其进行支持。里根在教皇面前大谈苏联体制的邪恶、他们将如何倾尽一切帮助团结工会和向往自由的人们。而有趣的是黑格、贝克和布什等人却冷冷地坐在一旁、一言不发,认为这种计划并不现实。①

依仗着此前波兰政府与教会的和解与协定,在波兰境内的教会行为几乎不受到政府的监管,因此构建了一套完善、安全的隐蔽援助网络,无数援助设备借教会之手秘密渗透进波兰为团结工会所用。不仅如此,教会还提供了物资设备难以企及的精神上的认同,教皇每次对团结工会的支持话语都沉重地打击了统一工人党作为执政党的合法性基础。里根与教皇的同盟利用波兰民众的宗教情感在心理战中取得了一定优势。②

此后,美国与梵蒂冈的秘密接触明显增加,凯西、克拉克和沃尔特斯频繁与梵蒂冈教会人员互动,比如一年要在飞机上度过四分之一时间的凯西每次在飞往欧洲和中东的时候都会先飞往罗马,与教皇亲自沟通;而沃尔特斯更是每年与教皇会面数十次,专门负责两方的情报交

---

① Carl Bernstein, "The Holy Alliance".
② Carl Bernstein, "The Holy Alliance".

流。梵蒂冈方面则是委派拉吉大主教(Cardinal Laghi)负责联系,据克拉克回忆:"凯西和我每天早上会前往拉吉大主教的住所,讨论波兰国内正在发生的事情,听取他的评论与建议。"为了保证隐秘性,这些谈论和决策往往避开国务院常规程序,拉吉大主教前往白宫时常常从东南边的侧门进入以避开媒体的关注。[1]

美国和梵蒂冈很快形成了明确的分工,教会对波兰境内情况的了解远超中情局的情报系统,他们能够为中情局提供许多有价值的情报。他们很早通过教会特使与团结工会建立了联系,保罗二世还建议瓦文萨利用教会提供的渠道保证他们的地下运动。戒严令之后,为了避免团结工会成员的过激行为激怒波兰当局,他通过教会向约1000万名团结工会成员传达了要求其不要上街游行,防止华约国家的军事干预和与波兰军队发生内战。黑格不禁感叹:"梵蒂冈的情报在所有方面都比我们获得

---

[1] Carl Bernstein, "The Holy Alliance".

的更快更好。尽管我们拥有某些优秀的资源,但我们的情报却耗费了太多时间在官僚机构的过滤上了。"

同时,教会还为美国对波兰进行人道主义支持提供了帮助,天主教救济会、Project CARE、Project HOPE 等组织在教会的协助下纷纷提供了人道主义援助。1981年至 1985 年,私人捐赠和政府资助并通过非政府组织发放的人道主义援助共计 40.2 万吨,价值 3.62 亿美元,这个数目远多于对团结工会的支持。

通过人道主义援助,美国能够"公开"地削弱无法为民众提供基本生活用品的波兰政府的合法性,提升天主教会和美国在波兰人心中的地位。许多波兰人写信给提供援助的组织,表达他们对美国人的感谢:波兰人的苦难没有被世界忘记。[1] 所以,尽管波兰当局一直谴责、抵制美国的经济制裁,但人道主义援助一定程度上消解了他们对美国形象的攻击。从里根的视角出发,人道主义援

---

[1] Gregory F. Domber, *Empowering Revolution: America, Poland, and the End of the Cold War* (Chapel Hill: University of North Carolina Press, 2014), p.277.

助的政治性目的要高于道德考量,而更像是一种反宣传和心理战的工具。①

源源不断的资金、设备和宣传品从教会流入波兰,而教会也为美国提供了许多其情报部门难以获得的信息。至此,美国与梵蒂冈的深度合作逐步介入波兰局势,里根也开始思考如何推动教皇更进一步地影响波兰当局的政策。

---

① Gregory F. Domber, "Humanitarian aid, soft power, and the end of the cold war in Poland" in Kalinovsky, A.M., & Daigle, C. eds., *The Routledge Handbook of the Cold War* (New York: Routledge, 2014), pp.388-400.

IV

第四章

外交僵局下隐蔽行动的进展

美国的隐蔽行动和经济制裁等措施对波兰的打击是巨大的，1982年底，波兰国内的主要经济指标较之1978年时都不同程度地下降了10%到33%，其中损失最大的国民生产总值只有1978年的74.3%，进口额则跌到了1978年的67.8%。[1] 这对于近乎实行进口替代战略的波兰经济而言造成了重大影响，而苏联的经济也由于每年花费在波兰盟友上10亿到20亿美元的巨额开销而被连累，波兰当局不得已只能寻求与美国及其他西方国家关系的突破。

1982年底，美波两国关系进入了一个微妙的时期。波兰国内社会的局势基本稳定，绝大多数工人放弃了积极支持自由工会的行动，当局拒绝与团结工会展开谈判并对其摆出极为强硬的姿态。[2] 虽然总体上双边关系依然处于低谷，但其间也有两国力图恢复关系的努力，尤其

---

[1] Gregory F. Domber, "Supporting the Revolution," p.239.
[2] "Possible Review of Solidarity Strategy, 1982.9.4", available at: https://www.cia.gov/library/readingroom/document/0000237299

是波兰当局与教会的谈判和美国对"小步骤框架"的接受,这些事件虽然带来了双边关系好转的契机,但由于两方深深的不信任与两国国内政治的变化,外交关系实质并没有好转。

到1985年末,虽然雅鲁泽尔斯基和里根都有缓和双边关系的愿望,而且雅鲁泽尔斯基也做出了一系列让步:释放部分政治犯、暂停戒严令、开启与教会的谅解谈判等等,但由于缺乏政治互信,双方都难以理解对方的反应——里根政府认为波兰当局缺乏诚意,比如暂停戒严令的举动有可能只是为了下一次对团结工会的压制做准备;而波兰当局则认为里根政府不尊重自己的决定,也没有遵照"小步骤框架"的原则给予波兰相应的回报。最终,两方都要求对方先进行让步,并且认为自己做的已经足够多,而两国关系正常化的进程取决于对方而非自己的行动。

这种态度导致双边关系降到冰点,实力雄厚的美国自然不希望放弃在谈判中的优势,显得咄咄逼人。但波

兰的态度也十分重要,正如在 1987 年两国和解后,副国务卿约翰·怀特海德与雅鲁泽尔斯基的一次开诚布公的谈话中记载的:

> 雅鲁泽尔斯基说美国在寻找一种既能与波兰和解又不失脸面的框架。他说,这对于一个超级大国来说很重要,而且我们也愿意这么做,但我们也需要"脸面",我们也有我们的尊严。如果一个人既有脸面也有财富,那么他失去脸面时依然拥有很多钱。但我们没有那么多财富,我们只有脸面。我们不能也不想失去它。尊严对我们而言也无比重要。在现在这个困难的时局里,我们不能放弃它。因此寻求一个合适的解决方法是必要的。[1]

---

[1] John Whitehead, *A Life in Leadership: From D-Day to Ground Zero: An Autobiography* (New York: Basic Books, 2005), pp.170-171.

显然,坦诚地对话以表达自身的战略关切与核心利益对于当时的两国而言是解决僵局的唯一方法。但从1982年到1985年末,美国日渐强硬的领导团体、美苏两国愈发紧张的竞争氛围和波兰国内频频发生的意外事件屡屡打断了初见曙光的正常化谈判,导致美波两国出现了一种在"硬碰硬"和"小步骤框架"之间纠结的态势。

而隐蔽行动也随着黑格的下台而成为里根政府对抗波兰当局、保证团结工会生存、扩大反对派影响的重要手段,在这一时期受到了重用。

一、 微妙的冰点

1982年5月10日,两名美国大使馆官员因被怀疑接见了两位波兰反对派科学家而被当局宣布为"不受欢迎的人",被要求在四天内离开波兰境内。统一工人党认为这两名美国官员的行为破坏了波兰主权,而美国人则指责波兰当局的举动侵犯了美国大使的外交地位。伊格尔伯格召会了波兰驻美国代办路德维兹克（Zdzislaw Ludwiczak）表达了愤怒，指出波兰政府的举动"显然是对美国的轻蔑"。之后他宣布波兰大使馆的两名外交官也为"不受欢迎的人"，要求其离开美国。

这次大使事件暴露了两国间的不信任，米汉之后给雅鲁泽尔斯基发去了信函，指出"美国希望见到波兰政府真诚地与教会和团结工会展开对话……两国关系的改善取决于波兰政府的行为……这不仅取决于一个宏观的政治框架，更涉及两国日常的往来事务"。米汉还表示如果雅鲁泽尔斯基能够进行任何不止浮于表面的改革的话，美国将会很乐意对其回应。

然而波兰方面态度冷淡，波兰外长切瑞克（Józef Czyrek）认为米汉的表态仅仅是象征性的。他反问道："谁应当对恶化的两国关系负责？是波兰政府还是别人？"他批评美国的经济制裁和"自由欧洲"电台的广播煽动，并宣称"两国关系已经不存在实质性内容了……你们在政治上孤立了波兰,还在经济上限制了石油、火腿和科技交流,对于你们而言这或许轻而易举,但对波兰政策来说这迫使我们寻找新的伙伴和其他关系"。最后,切瑞克虽然表示统一工人党会保持和教会的沟通,但不会考虑与团结工会的对话。①

5月24日,美波双方停止了进一步的对话。局势随着两国外交对话的终止而愈发紧张。9月2日,包括库龙、米奇尼克、霍耶茨基在内的6名反对派领导人被波兰当局判处叛国罪。② 22日,波兰官方媒体暗示了政府对团结工会的"最后方案"基本出炉。波兰国会通过并颁布了《工会法案》,其中第52条指出:"凡在本法律颁布前登记的所有工会组织一律撤销,不再有效。"于是波兰当局决定宣布团结工会为非法组织,彻底取缔并建立一个"独立自治"的工会组织(即全波贸易工会,All-Polish Trade

---

① Gregory F. Domber , "Supporting the Revolution," pp.143 - 144.
② 其中库龙和米奇尼克等四人已经被捕,霍耶茨基和李普斯基(Jan Lipski)当时在国外,故被缺席审判。

Union,波兰语缩写为 OPZZ),由中央政治局委员苗道维奇(Alfred Miodowicz)任工会主席。① 此外,统一工人党还试图将团结工会与教会分开击破,10 月 2 日,格莱姆普派出达布罗夫斯基主教(Bishop Bronislaw Dabrowski)与政府谈判。在经过协商后,达布罗夫斯基保证教会不再质疑统一工人党在波兰的领导地位。5 天后,国会通过了宣布团结工会为非法组织的方案。②

里根对此的反应简单而坚决。团结工会被宣布为非法组织仅一天后,里根就公开声明波兰政府的这个方案是"虚伪的",并终止了波兰最惠国地位,将波兰产品进入美国市场的关税提升了 300%—400%。里根的态度清楚地阐明了美国对波兰政府的报复,如果波兰政府进一步打击团结工会的活动,美国也将准备采取进一步的措施。两国关系陷入冰点。

---

① Michael Dobbs, "Polish Press Floats Idea of Final Solidarity Ban," *The Washington Post*, Sep. 23,1982: A34.
② Gregory F. Domber, "Supporting the Revolution," p.164.

不过,从1982年的最后几个月开始,两国关系又有一定程度的好转:先是统一工人党与教会进行谈判后达成了一定程度的谅解,雅鲁泽尔斯基答应释放包括瓦文萨在内的一批反对派,同意准备取消戒严令并考虑教皇访问波兰;而教会方面则声明同情雅鲁泽尔斯基的立场并批评美国对波兰严厉的经济制裁。[1]

然而美国对波兰国内的重大变化并没有显示出"小步骤框架"制定时的诚意。年底,波兰外交部副部长吉纳斯(Jan Kinast)访美,请求美国取消经济制裁,但遭到了拒绝。[2]

直到1983年波兰开始政治经济改革以对美国的一些要求进行让步,比如波兰议会终于承认私营经济不可侵犯,建立由持不同政治观点的作家和艺术家组成的"国

---

[1] Eric Bourne, "Polish Regime, Church try to defuse tensions," *The Christian Science Monitor*, Nov. 10, 1982.

[2] Arthur R. Rachwald, *In Search of Poland: The Superpowers' Response to Solidarity, 1980 - 1989* (Stanford California: Hoover Institution Press, 1990), p.75.

民文化委员会"以推动更为深刻的变革,成立"社会政治委员会"以扩大言论自由的范围,等等。①

美国态度的转变是从6月教皇第二次访问波兰开始,6月23日,也就是教皇波兰之行的最后一天,里根在芝加哥的一个波兰裔美国人集会上说:

> 我希望波兰当局能够将他们在教皇访问过程中展示出的克制转化为进一步和解的意愿,而不是继续与波兰人民对抗……如果波兰政府能够采取有意义的自由化措施,我们也将准备采取相同重要的具体措施。②

同日,一批民主党国会议员联名写信给里根,认为美国应当给释放瓦文萨和允许教皇访问的波兰政府以"一

---

① 拉科夫斯基:《波兰剧变是怎样发生的》,第97页。
② Ronald Reagan, "Remarks to Polish American in Chicago, Illinois," June 23, 1983, Public Paper of the President, https://www.reaganlibrary.gov/archives/speech/remarks-polish-americans-chicago-illinois.

些互惠的行为",其中包括"重新恢复波兰飞机在美国机场降落的权利、恢复波兰船只在美国的捕鱼权、恢复其最惠国待遇并推动美国公共和私人的支持以促进波兰私营企业的扩大"。布热津斯基甚至还给出了一个对波政策三步骤的框架:"首先,要迅速取消部分制裁以取信于雅鲁泽尔斯基;第二是到 7 月 22 日波兰国庆日的时候,如果波兰政府取消戒严令或者没有进一步的打击行动,那么我们应当表达准备重新安排波兰繁重外债还债期限的意愿;第三,如果波兰政府与工会间进行了重要的协商谈判,我们应当和西欧盟国一致为波兰提供维护社会稳定和长期发展的经济援助。"①

之后,美国政府就如何"回馈"波兰进行了多次讨论。7 月 7 日,伊格尔伯格再次会见了路德维兹克,正式通知波兰政府美国官方正在重启与巴黎俱乐部的债务谈判,如果波兰国内的自由化运动能够持续、政治犯能够得到

---

① Michael Getler Brzezinski, "West Berlin Mayor Urge Quick US Nod To Poland," *The Washington Post*, June 26, 1983: A21.

逐步释放，那么其在美国水域捕鱼权的限制就将取消。①

然而，随着1983年7月21日波兰国会宣布戒严令即将取消，美波关系并未大幅改善。因为美国人意识到在废除戒严令的方案中，波兰政府在未来可能更容易宣布新的"国家紧急状态"；而且也保留了许多在戒严令时期遗留下的庞大权力；而公民权利和出狱的团结工会分子（许多重要的团结工会成员并没有被释放）依然受到限制。②

因此，华盛顿的反应非常直接。7月27日，伊格尔伯格对路德维兹克表示：美国取消制裁的程度将基于波兰政府"释放大多数政治犯"和"自由工会的重建"，这两点对于完全恢复两国正常关系是特别重要的。而白宫虽然于不久后表示"原则上同意"参与巴黎俱乐部对波兰债

---

① Bernard Gwertzman, "U. S. Takes A Step to Prompt Poles to Free Prisoners," *The New York Times*, July 13, 1983: A1.

② A. A. Michta, *The Polish Military as A Political Force: The Army During the Crisis of 1980 - 1981*, The Johns Hopkins University, ProQuest Dissertations Publishing, 1987.

务问题的讨论。但很快便指出美国在其中的参与也取决于波兰政府"释放大多数政治犯的进程"。[1]

1984年1月,在瓦文萨和教会多次呼吁解除经济上的制裁后,美国取消了此前在决议中包括在渔业、航空和文化交流领域的部分制裁。在1984年的第二次"大赦"之后,美国不再积极地反对波兰重新加入国际货币基金组织的申请,但也表示任何国际货币基金组织对波兰的援助计划都需要全面的改革。[2]

但是,美国只愿意取消部分制裁且依然保留对波兰敌对态度的做法激怒了雅鲁泽尔斯基,也进一步增加了两国在政治上的不信任与对立。他很快强化了自己的强硬立场,对美国的经济制裁和广播宣传进行抨击。而1984年,里根为了总统大选也选择恢复对波兰政府的强硬态度,并在10月波别乌什科神父(Jerzy Popieluszko)遇刺后发表了态度严厉的讲话,两国关系再次陷入冰点。

---

[1] Gregory F. Domber, "Supporting the Revolution," p.191.
[2] Bennett Krovig, *Of Walls and Bridges*, p.260.

不过对于隐蔽行动的执行者们来说,两国关系的恶化意味着他们可以采取更大的行动对团结工会提供秘密支持、竭尽所能帮助反对派对抗波兰政府和苏联的控制。此前一度犹豫不决、畏畏缩缩的隐蔽行动规模愈发扩大、影响更加深远。

二、共谋:中情局及其秘密盟友

在实施隐蔽行动这件事上,里根和克拉克给了凯西很大的权力,使他能够自由地设计其行动计划和预期目标。实际上,凯西的设想可能更大一些:他制定了自己的一套外交政策行动计划,并且作为里根内阁的成员,他每每在会议上都极力推动自己的这套政策,有时甚至与舒尔茨针锋相对。[1] 对情报和隐蔽行动的痴迷让凯西在进

---

[1] Robert M. Gates, *From the Shadows*, p.284.

入1983年后迅速扩大了对波隐蔽行动的范围,以QRHELPFUL行动的名义,他获得了更多来自政府的直接支持,尤其是在与其他部门的合作上。

尽管凯西在1982年年初就已经成功地通过以色列情报部门与团结工会成员建立了联系,也开通了资金渠道,并从瑞典偷偷将包括15台无线电发射器的两船物资运到了波兰,但他支持团结工会的资金网络实际上到1982年底还没正式运行起来。[①]

相比于中美洲和阿富汗的隐蔽行动,凯西此前对中情局在波兰工作并不上心。但当雅鲁泽尔斯基将团结工会列为非法组织予以取缔时,他开始意识到团结工会的"绝望"处境:团结工会很可能会遭到进一步围剿,美国对其的支持也可能彻底失败。

1982年秋天,经过数月的运输和调配,一套复杂的C3I系统总算在波兰安装就位了。这套系统能够用来帮

---

① Gregory F. Domber, "Supporting the Revolution," p.199.

助有组织的抗议活动和其他大规模行动。所以,当团结工会还躲在暗处与当局玩着猫捉老鼠的游戏时,无线电广播就把这些信息向全世界发送出去了。而中情局从秘密渠道提供的资金可以用来购买包括印刷机的油墨和汽油在内的各种物资。团结工会在利用电台发送信息时非常警惕,他们往往把设备搬到卡车上,通过不断移动的方式改变位置以免被波兰政府定位。①

通过与团结工会在海外办事处的联系,中情局获得了多种与波兰境内团结工会沟通的渠道。波因德克斯特后来回忆:"我们把我们的政策简单地传递给了团结工会,我们想确认他们知道能从我们这得到什么。实际上他们相当清楚地了解美国宣布的政策以及他们所能获得的援助。"通过"美国之音"广播,美国政府能够时时刻刻将最新的消息传播出去。②

---

① Central Intelligence Agency, "Solidarity Radiobroadcast, 1982.4.16", available at: https://www.cia.gov/library/readingroom/document/0000237222

② Peter Schweizer, *Victory*, pp.120 - 121.

11月,凯西决定前往欧洲再次与西欧情报部门交换看法。在法兰克福——那里的中情局工作站是对波兰行动的临时前方基地,他第一次亲身进入了对波隐蔽行动的情报网络。事后一位接待他的官员回忆了这段有趣的经历:"他(凯西)什么都想知道,包括一些行动的细枝末节——他们需要更多新闻纸吗?他们有足够的、合适的发报机吗?他想成为一个内行。"

1983年,当凯西第二次来访法兰克福时,他进一步扩大了自己对团结工会的支持。在此期间,凯西与中情局驻法兰克福和波恩办事处官员会面、讨论如何扩大对团结工会的现有支持。这些人中有6人直接参与了在波兰的隐蔽行动。根据NSDD32号文件,里根的想法是一旦同波兰团结工会的秘密供应线建立,就应当加以拓展。里根希望对团结工会的支持在每年约200万美元的基础上增加四倍,他的幕僚们也在不断寻求新的机会,试图增加反对派受益于美国秘密支持的机会。

凯西发现了这样的机会:来自波兰的情报表明,其国内团结工会的积极分子已与流落在捷克斯洛伐克的团结工会成员取得了联系,并且他们在两国边界附近的一个偏僻的森林里召开了会议。虽然会议规模很小,但他们似乎已经开始寻求某种突破。凯西对此十分感兴趣,他还了解到在保加利亚也有类似亲西方的分裂组织,而苏联集团内部的反对派状况的情报也很快为凯西所熟知。在驻苏联大使馆工作人员的帮助下,中情局驻法兰克福情报站在获取此类情报上拥有得天独厚的优势。[1]

得知了更多情报的凯西迅速就波兰的隐蔽行动同几位情报站人员进行了讨论,并且还继续索要一些有关苏东地区地下组织的情报,以便于他规划未来在该地区的行动。

然而与凯西的踌躇满志相反,当地的情报人员和分析人员对前途却感到悲观,地下团结工会虽然在美国人的帮助下得到了恢复,但波兰人民看起来似乎筋疲力尽

---

[1] Peter Schweizer, *Victory*, pp.159-160.

了，他们参加反对雅鲁泽尔斯基的大规模活动的激情正在消退。团结工会呼吁进行全国性的抗议和罢工，虽然参加的人数不少，但没有形成什么气势。罢工的组织者和参与者被陆续抓进监狱。同时，美国的制裁导致波兰国内的经济状况和人民的日常生活逐渐恶化。凯西一直希望的推翻统一工人党政权的起义也未能成为现实。

不过在同一时间也有两个新的动向：第一是中情局在当时策反了一位波兰国防部副部长，他对整个《军事管制法》的制定过程颇为不满。他本人参与了国防部计划的秘密制订过程，并参加了由政府召开的讨论国家安全局势的某些秘密会议。后来他渐渐通过写短信和发信号的方式向中情局传递情报，大约一个月一次，多数内容和军队的人事变动和装备计划有关，之后也包括一些政治方面的情报。最初，由于此人参与了戒严令的制定和实施，所以中情局的情报人员并不想和他打交道。但是其后中情局人员敢于冒着激怒美国大使馆的风险接受了他，结果获得了成功。不久，中情局又在波兰发展了许多情报源。[1]

而第二个则是凯西最为关心的对团结工会的供应渠道的问题,从 1982 年末得到授权开始,秘密运输通道得到了系统性的扩展,不再局限于边境上零星的缺口而是建立了能够长期维持的隐蔽路线。首先考虑的是地理因素,由于地理上的相近,在全部秘密渗入波兰的物资中,有超过一半是从瑞典、西德两国转入的。而这其中又以瑞典为甚,作为在战后最早与波兰签署贸易协定的国家之一,它在南部的港口无疑是渗透波兰的绝佳地点——在波罗的海两岸,有大量的工厂和市场,繁忙的生产和运输让隐蔽行动得以掩人耳目。此外,大批波兰流亡者也在瑞典定居,他们为团结工会提供了不可多得的人力资源。

1983 年,凯西前往瑞典会见了首相帕尔梅(Olof Palme)希望后者能够提供渠道以便隐蔽行动顺利进行。

---

[1] Peter Schweizer, *Victory*, pp.121 - 122.

实际上，由于瑞典在冷战中的中立国地位，许多人对凯西的这次出访并不抱太大期望。而出乎意料的是，帕尔梅同意了凯西的申请，他绕过了政府流程秘密地为中情局提供了港口、船只以运送货物。

拥有了转运的基地，中情局以及秘密共事的波兰线人开始用"绳梯"（ratline）的方式向团结工会提供小型设备。"绳梯"是中情局通过走私客、公益组织、商人及其他方式将体量较小的设备，比如印刷品，秘密渗透进社会主义国家的隐蔽行动术语。这一方式最早可以追溯到50年代对东欧的渗透行动，到1982年底里根批准QRHELPFUL行动时，中情局已经熟练掌握了如何通过"绳梯"避开边界审查的技巧——通过伪装自己诱使代理人在不知情的情况下为自己运输货物以避免暴露中情局敏感的身份并为波兰政府打击团结工会增加证据。[1] 总的来看，运送

---

[1] Seth G. Jones, *A Covert Action: Reagan, the CIA, and the Cold War Struggle in Poland* (New York: W. W. Norton & Company, 2018), p. 161.

路线大致分为从两德边境进入波兰的陆运通道和从格但斯克进入波兰内陆的海运通道两条。

为了躲避无处不在的边界巡检,中情局在"绳梯"中与团结工会海外支持者的合作十分巧妙:团结工会的海外成员在得到中情局的资助后首先购买物资,再将物资收集至布鲁塞尔等几个大城市。通过海运,他们把货物转运到斯德哥尔摩或坐落于波罗的海中心的波恩霍姆岛(Bornholm),并在那里把货物装入航向格但斯克的货船中。这些货物往往会被线人们伪装成符合他们身份的合法商品。比如一位消防员把违禁书籍和杂志隐藏在灭火器里;而一名旅居瑞典的波兰流亡者则以自己作为验光师的身份把大量印刷设备和宣传材料放在了他合法的验光设备里。

在陆运上,最具代表性的莫过于一位化名为"斯坦尼斯拉夫·布罗达"(Stanisław Broda)的波兰人,他在戒严令颁布后前往巴黎,此后一直在那里协调其他波兰流亡者援助团结工会的工作,尤其涉及生产和运输支持团结

第四章 外交僵局下隐蔽行动的进展

工会的印刷品。比如,布罗达曾和一个华沙附近的大衣厂有过合作协议。厂主从意大利收购羊皮,当货车到达西德时,他安排在那的工人偷偷将支持团结工会的物资放入货车中。之后,厂主在收到货物后就会把这些藏匿在合法货物中的违禁品通过其私人网络分发给团结工会。

无论是何种方式,波兰境内的团结工会成员都很少和中情局直接联系,他们甚至几乎不通过电话交流,而是在线人们提供通过记有暗号的明信片后才根据信息去接收物资。[1] 值得一提的是,这种松散的关系和相对独立的线人让中情局也无法详细地了解线人们是如何使用他们提供资金的以及这些物资是否真正地安全送达团结工会手中。不过相对的,中情局也能在其中很好地隐藏自己,避免其地下渠道被波兰情报部门一网打尽。

除了在西欧建立秘密物流渠道之外,凯西和中情局

---

[1] Seth G. Jones, *A Covert Action*, p.162.

也注意到了一个在波兰境内的"孤岛",实际上,这也将成为美国政府搜集情报、扩大对团结工会影响的非正式支柱。这都要归功于刚刚赴任美国驻华沙代办的约翰·戴维斯(John Davis),后来,瓦文萨的亲密顾问盖莱梅克(Bronislaw Geremek)对其评价道:"戴维斯在不违反任何外交规范的情况下支持了团结工会。"①

三、安静外交:美国驻华沙大使馆与约翰·戴维斯

1983年9月,当肩负改善与波兰当局关系和与团结工会联系两项任务的约翰·戴维斯前往华沙赴任美国驻华沙代办时,他已经是年初米汉卸任后第三位就任此职的官员了。戴维斯想着这应该只是一个临时职位,因为

---

① Arch Puddington, *Lane Kirkland*, p.217.

国务院只给了他六个月的任期。在这段时间里,他相信他和他的同僚们能改善与波兰的关系,然后两国允许互派大使。然而让他没想到的是,两国关系并未如他所愿改善,一次次谈判破裂后,固执的两国政府丝毫没有改善双边关系的意愿。结果,戴维斯这个六个月期限的代办最后当了整整六年。①

在与波兰政府缓解关系无望后,戴维斯开始转向他的另一项任务:与团结工会的秘密联系。他和他的妻子海伦曾在1960年代—1970年代以经济官员的身份驻在华沙,所以在华沙认识了许多朋友。在两国关系恶化后,雅鲁泽尔斯基加紧了对美国驻波官员的惩罚政策,驱逐了在波兰的美国记者,派全副武装的民兵监视大使馆情况,限制大使馆人员活动,甚至强行关闭了大使馆在华沙开设的图书馆。② 这段非常时期里,几近身处"孤岛"的戴维斯意识到这些朋友将成为他为美国政府搜集情报、

---

① Gregory F. Domber,"Supporting the Revolution," p.160.
② Gregory F. Domber,"Supporting the Revolution," p.179.

联系团结工会的有力工具。

在他到任后不久,便邀请了120名记者、作家、学者和其他社会名流参加于大使住所主办的晚宴。没想到的是,最后当晚来了约200人,包括许多在1982年底的大赦中刚刚出狱的团结工会领导人。戴维斯的晚宴很快在团结工会和其他反对派群体中名声大噪,成为他们交换情报、商讨对策和增进感情的一个秘密据点,戴维斯本人也始终在第一时间将这些他获得的最直观的一手信息发送给华盛顿。

这次晚宴之后,戴维斯每月都要在其住所主办两场非正式接待。戴维斯也深知其举动的危险,因为一旦被波兰当局发现他频繁与反对派接洽的行为,无疑给他们提供了抨击美国意图颠覆波兰政权的口实。因此,戴维斯要求所有给客人的正式书面邀请都不能外泄或拍照,还有些邀请甚至只是由海伦在教堂或在团结工会的地下出版社进行口头传达。不仅如此,即使是大使馆的内部工作人员,也只有极少数高级别官员才能参加这些会面,以防止任何消息被泄露。他也总是叮嘱：中情局的人至少在大使馆里要远离团结工会成员。①

每次见面戴维斯都能扩大自己的社交圈，扩大自己在团结工会成员及其支持者之中的影响。据戴维斯回忆，在1984到1985年，他们几乎每周或每10天就能见到团结工会的成员，每当有团结工会成员出狱，他们就会主动加入戴维斯的活动中。

与凯西领导下中情局直来直去的风格不同，戴维斯在宴会中显得颇为亲民和放松。在晚宴上，通常戴维斯会给客人们放映他最近从军事线路秘密传输过来的美国电影。为了能够在尽可能短的时间里认识更多人，戴维斯妻子海伦总是贯彻着"及时行乐"的原则，不像正式宴

---

① 中情局实际上也十分注意其身份的特殊性。据当时服务于国家安全委员会的沃尔特·雷蒙德(Walter Raymond)回忆，中情局也一直在避免直接牵扯进团结工会的事务，中情局从不试图直接控制或给团结工会任何指导，只是为他们提供资金支持。Walter Raymond. Jr., "Poland — The Road to 1989," *The Polish Review*, Vol. 44, No. 4 (1999), pp. 397–400.

会那样准备繁复的讨论议程和菜单,她和其他工作人员则做好牛肉、面条和浓汤款待他们。谈话内容也颇为随意,他们虽然会讨论些政治问题,但通常政治话题并不会成为饭桌上的焦点。

据经常参加此聚会的盖莱梅克回忆:

> 戴维斯试图以一种十分人性化的亲民方式组织这些聚会。这些聚会并不像政策报告研讨会,而是一场友好的晚宴,时而在花园,时而在他们的住所。在这些晚宴上我们有机会讨论现状、讨论我们能够做什么、我们不得不做什么并把一些计划罗列出来。而机智老练的戴维斯则充其量把自己当作反对派计划的旁观者,而非参与人或政治盟友。[1]

刻意与团结工会的具体行动保持距离的方式让戴维

---

[1] Gregory F. Domber, "Supporting the Revolution," pp.196-198.

斯能够找到理由撇清大使馆和反对派们的直接关系。正如一些美国官员所回忆的：戴维斯只是邀请团结工会成员一起进餐，他们围坐在一起；而戴维斯夫妇则单独坐在另一个角落。①

此外，大使馆官员还与波兰的天主教牧师们一直保持着密切的联系。戴维斯与格莱姆普以及其他一些积极的持不同政见的神父也长期保持着联系。有的大使馆女官员还同一群妇女活动分子或者反对派领导人的妻子经常在教堂见面，收集关于反对派活动的信息，如谁被当局传讯了、当局正在找谁的麻烦等等。当使馆工作人员离开华沙到其他地方，也一定会见地方教区的神父，听听他们对地方发展和这个国家普遍的情绪的见解。

信息的收集还包括与学术机构、记者、西方国家大使馆的外交官会面等多种渠道，由此形成一个信息网。通过这些信息，美国就得到了更详细的关于地下组织的活

---

① Gregory F. Domber，"Supporting the Revolution"，p.330.

动情况、成员的精神状态以及他们需要提供什么样的帮助等等一系列情报,为中情局顺利有效地开展工作提供了方便。

1986年,大使馆与团结工会的流亡者们也建立起了全方位的联系。6月,由学界转入政界不久的卡梅隆·蒙特(Cameron Munter)来华沙上任副领事后,也被派去与各种各样的反对派成员取得联系,这些成员既有华沙的,也有格但斯克及其他地方的反对派成员,联系方式也是各种各样:有时候会在大使馆附近的咖啡馆或者其他公共场所。蒙特在华沙甚至秘密会见了支持团结工会委员会领导人里斯,后者以"传信人"的身份告诉了他许多关于团结工会内部的细节和面临的困难。[1]

使馆工作人员有时亲自参与一些走私物资或者地下出版物的分发和转移活动。比如中情局通过劳联——产联、西方国家的一些工会等向团结工会援助的打印机、复

---

[1] Gregory F. Domber, "Supporting the Revolution," p.321.

印机、通信设备等物资都是通过秘密渠道走私到波兰各港口,然后分发到各个基地;地下出版社印制的书籍、资料和小册子等要分发到工人手里,这些活动都需要隐蔽进行。蒙特说,使馆里级别低一些的工作人员就参与一些超出其"信息传递者"身份的活动,如有时就开车去华沙郊区事先安排好的地点,在那里一些隐去姓名的活动分子把新复印的地下刊物装上车后,再把车开回华沙,通常是开到维斯瓦河东边的工人生活区,然后把货卸在一个事先安排好的像是垃圾场的地方,这些材料随后就会被负责分发的反对派其他成员接走。大使馆的其他低级别工作人员也常卷入这类工作。

蒙特从来不向他的上级汇报自己参与了这种活动,但是他觉得这是作为一个使馆低级别工作人员不言而喻的作用的一部分。他从来没有与他的上级讨论过这些事情,因为他知道一旦被抓住,就会被作为"捣乱分子"解职,因此要使大使馆和戴维斯与他所做的事情可能产生的政治后果隔离开来。

戴维斯和蒙特等人的行动效果斐然，即使是在波兰政府内部也没有任何人怀疑大使正密谋支持团结工会。戴维斯所推行的政策是微妙的、克制且零散的，因此很难把团结工会运动贴上一个"美国领导下的共谋活动的一部分"的标签。[1]

另外，大使馆还为美国政府要员与团结工会积极分子进行直接接触提供了一个重要的活动中心。美国政要到访波兰，大使馆几乎都会举行宴会。戴维斯经常会设置两套会议模式，一套是美国政要与波兰政府磋商，一套是美国政要与教会和团结工会领导人会谈，这是一种双轨模式。当教会官员到访时，戴维斯就安排他们与团结工会反对分子在自己的寓所共进晚餐。大使的寓所变成了美国政策的又一个非正式的支柱。[2]

戴维斯和大使馆其他工作人员的努力很快让他与团

---

[1] Gregory F. Domber, "Supporting the Revolution," p.200.
[2] 吕香芝:《打开缺口：美国对波兰政策研究（1980—1989）》，第273—274页。

结工会成员建立起了互信关系,为华盛顿搜集到了更多有用的信息,也让美国人能够更为直接地了解团结工会领导人的看法。

四、国家民主捐赠基金会与文化攻势

如果说凯西在中情局的 QRHELPFUL 行动和戴维斯在美国大使馆掩人耳目的"安静外交"是站在暗处对团结工会提供援助的话,那么里根在其"自由民主大战略"下以国家民主捐赠基金会(National Endorsement for Democracy,NED)的名义采取的行动便是假借民主与慈善外衣站在明处对团结工会进行声援——它在美国政界乃至世界范围内筹款,再通过中情局等机构将资金秘密送入团结工会手中。

里根在威斯敏斯特宫的关于促进民主运动的讲话实际上暗含了两个平行的计划:其一是在政府体系内由美

国政治基金会(American Political Foundation)所领导的民主推进工程;其二便是以非政府组织为标榜的国家民主捐赠基金会。

两者虽然是平行的计划,但在推行过程中的境遇却不同。美国政治基金会为了更好地服务于政府的民主计划,就如何提高美国对外民主支持展开了研究。政治基金会主要负责调查美国的民间项目和海外推广计划,为政党、工会和企业提供促进民主事业的建议;并对进行合作的私人主体提供可行的意见。但政治基金会的工作很快遭到了国会的批评,尤其是来自众议院外事委员会的抨击。他们认为这个项目会让国会陷入里根热衷于煽动的意识形态和政治宣传所导致的麻烦之中。更重要的是,如果政治基金会的资金被运用到对一些非民主的盟国的调查——比如智利、韩国和菲律宾,那么必将导致美国和他们的利益冲突。

因此,包括柯克兰德在内的美国政治基金会的领导人们开始把目光转到了国家民主捐赠基金会上,这个非政府组织的运营并不会导致美国在外交上的麻烦——它自己并不运营民主促进项目,而是只从国会和其他政府机构,比如美新署等部门接收资金并将其捐赠给其他组织。而此前美国政治基金会建议建立的四个"核心接收方"(Core Grantees):由民主党运营的民主党国际事务研究所(The National Democratic Institute for International Affairs)、由共和党运营的共和党国际事务研究所(The National Republican Institute for International Affairs)、由美国商会运营的国际私人企业中心(Center for International Private Enterprise)和劳联—产联下属的自由工会研究所(Free Trade Union Institute),每年都从国家民主捐赠基金会获取大批资金并负责向海外推广民主运动进程。[1]

团结工会和中情局自然不会放过这一机会,他们很快便利用这一通道扩大了资金支持的规模。其实从人员

---

[1] Gregory F. Domber,"Supporting the Revolution," p.213.

构成来看,不难发现国家民主捐赠基金会与推行隐蔽行动之间千丝万缕的联系:除了常年从事反共活动、支持团结工会的柯克兰德外,基金会的领导层还包括热衷于秘密外交的基辛格,和中情局关系密切的前"自由欧洲"电台主席里查德森(John Richardson),柯克帕特里克的副手卡尔·戈斯曼(Carl Gershman),这些人此前或多或少都与隐蔽行动或类似的秘密行动有过交集,熟知其中的奥义。[1]

而民主捐赠基金会的任务自然也与支持、赞助如团结工会这样的独立工会、企业,为他们提供相关训练有关,甚至还直接同政治犯与政府反对者有直接联系。在许多领域,基金会实际上就是寻求以公开的方式执行中情局过去屡获成功的秘密工作。戈斯曼就断言:

> 我们不应当一直隐蔽地做这些事情。如果世界

---

[1] Bennett Krovig, *Of Walls and Bridges*, p.181.

上的民主团体被视为中情局扶持的对象将是一件很可怕的事情。我们在60年代已经经历过这些了,这也是为什么我们不再做这类事了。我们现在也还没有这个能力,这也是我们建立这个基金会的原因。①

戈斯曼尤其强调民主捐赠基金会和中情局没有任何联系。也如他所暗示的,基金会的建立很大一部分原因在于抹去此前中情局给美国留下的不好名声,以中立、公开的渠道为其隐蔽行动洗白。民主党国际事务研究所主任艾德伍德(Brian Atwood)就极力否认基金会的工作与中情局此前的行动有任何相似之处并表示类似的做法只会损害基金会本身的价值。不过,虽然NED总是在名义上强调其非政府组织身份和公共援助属性,但其创立之初,创立资金的来源却隶属于国会拨款:1983年11月,

---

① "Missionaries for Democracy: U. S. Aid for Global Pluralism: Democracy's Missionaries: U.S. Pays for Pluralism," *The New York Times*, June 1, 1986.

里根签署了在1984—1985财年给予民主捐赠基金会一笔3130万美元的拨款,而这些款项通过基金会再发放给其他具体执行部门,比如劳联—产联下设的自由工会研究所每年就能从中获得30万美元的资金支持,进而秘密转手团结工会。[1]

另一方面,尽管官员们一直否认他们与中情局之间的关系,但基金会的许多做法与中情局是类似的,尤其在针对团结工会这样已经被当局认定为非法组织的对象时。基金会的高层们认为其中立的非政府立场能帮助团结工会成员免遭政府的报复。在当时的东欧,团结工会已经是国际民主捐赠基金会当仁不让的主要接受方。[2] 可以说国家民主捐赠基金会已经成为团结工会公开的资金保障。[3]

随着基金会的建立,与其关系密切的劳联—产联迅

---

[1] Gregory F. Domber, "Supporting the Revolution," pp.213,468.
[2] Bennett Krovig, *Of Walls and Bridges*, p.182.
[3] Bob Woodward, *Veil: The Secret Wars of the CIA 1981-1987* (New York: Simon Schuster,1987), p. 375.

速从中获得了很大的资源。比如在1983年,劳联—产联设立的自由工会研究所由于早期缺乏资金而几乎瘫痪。但在基金会正式运行之后,研究所很快获得了来自民主捐赠基金会的资金拨款。1984年,它从基金会那里得到了1100万美元,其中有50万美元是专门提供给对欧洲的行动,以促进关乎民主价值的文化组织和研究,并协助处于极权国家下的工会发展。在具体的操作上,这些资金从基金会分配到劳联—产联的研究所后,其中一大部分再经过米尔斯基领导的处于布鲁塞尔的支持团结工会委员会分发给团结工会,拉索塔和她的同事创建不同的项目和计划让每天穿越波兰边境的数千名亲团结工会人员直接将钱款交予波兰境内的团结工会成员。据统计,在1984年民主捐赠基金会一共为波兰境内相关的行动提供了38万到48万美元的资金支持。

得到了资金注入的海外团结工会团体开始他们新一轮的行动。1984年4月,支持团结工会委员会提出了一个新的东欧民主计划(East European Democracy Project),和里根的民主推广计划类似,这一计划有三个目标：一是为地下的自由工会、独立出版社和独立教育活动协助分配资金和提供物质支持；二是出版在波兰被禁作家的著作，其中大多数是关于民主社会和西方民主制度的作品，并保证它们能够被运进波兰境内；其三是将团结工会的公告和宣言翻译成其他东欧国家语言以传播团结工会理念。9月，委员会向自由工会研究所申请要求6.5万美元的资金支持波兰境内的出版行动，着重要求向由反对派控制的如NOWA这样的独立出版社提供新的印刷机和其他物质支持，并将更多的西方书籍翻译成波兰语。①

---

① NOWA(其波兰语全称为Niezależna Oficyna Wydawnicza CDN,简称CDN)是波兰在统一工人党统治下出现的第一个地下独立出版社，从1977年开始运营，是当时最大的独立出版商。它翻译并出版了超过300本关于当代史、政治学方面的作品，其中就包括著名的反乌托邦作品如扎米亚京的《我们》和政治学著作如阿伦特的《极权主义的起源》等。CDN是在戒严令颁布后秘密建立的出版社，出版了大量被当局禁止的书籍，尤其是关于波兰史方面的作品。CDN最为著名的出版物是建筑师切斯瓦夫·别莱茨基的《小小阴谋家》，这本书记载了如何暗中从事反政府行动，甚至在许多细节上都有翔实的描述，告诉人们如何确保自身安全和避免被捕。[美]施魏策尔：《里根政府是怎样搞垮苏联的》(殷雄译)，北京：新华出版社，2001年，第253页。

第四章　外交僵局下隐蔽行动的进展

初见成效的支持团结工会委员会很快就从民主捐赠基金会那里获得了超过 9 万美元的资助以帮助在波兰的独立出版社将一些关于团结工会的书籍和材料翻译成捷克语、俄语和乌克兰语并分发到这些国家中。基金会还另外批准了两项类似的行动：为国际出版自由委员会（International Freedom to Publish Committee）提供 6000 美元以帮助总部设在巴黎的文学书库出版社（Zeszyty Literackie）提供波兰境内作家的交流方式。还为位于美国的波兰艺术科学研究院（Polish Institute of Arts and Sciences in America）提供包括食品、药物和其他物资支持，以宣传波兰的独立文化、教育和学术活动。[①]

1985 年，基金会对团结工会的支持额度进一步提高，援助手段也更为多元——除了图书外，他们甚至秘密地给东欧国家的美国大使馆提供反政府录像、加入支持

---

① Gregory F. Domber, "Supporting the Revolution," p.214.

东欧地下文化团体的组织也更多了。年初,通过各个机构流进团结工会口袋的现金最多时达到800多万美元。当年,自由工会研究所为支持团结工会委员会提供了54万美元的拨款以继续支持其翻译和出版活动、保障在西欧的团结工会流亡者的生活以及委员会自身的一些活动。除了给文学书库6000美元的资助外,这次参与资金援助的还有来自纽约的"自由之家"组织,他们从基金会那获得了10万美元的款项以提供给独立文化委员会(Committee for Independent Culture),以维持波兰境内的推崇独立运动和反极权的飞行大学和地下文化活动。①

---

① 飞行大学(Uniwersytet Latajacy)最早起源于20世纪初俄国统治下的波兰,是一个地下教育团体。在1977年波兰危机出现后复兴,其目的是为年轻人提供与官方意识形态相悖的波兰传统教育、反对波兰当时的极权统治。Marc Ferro, "The Use and Abuse of History, or How the Past Is Taught to Children," *Journal of Interdisciplinary History*, Vol.16, No.3(2007), p.501. Buczynska-Garewicz, "The Flying University in Poland, 1978 – 1980," *Harvard Educational Review*, Vol.55, No.1(1985), pp.20 – 33.

五、谎言的结束:隐蔽的攻心之战

柯克兰德是最早意识到知识分子将在文化领域对共产主义意识形态产生巨大打击的人之一,当然凯西也不落其后。随着民主捐赠基金会、劳联—产联和支持团结工会委员会等非政府组织推动下的地下文化运动愈演愈烈,中情局也着手自己在文化领域的进攻。

其实,波兰人很早就在海外建立了自己的文化交流和出版网络,在二战期间,杰西·格尔佐科(Jerzy Giedroyc)就在巴黎创办了《文化》(Kultura)月刊和一条跨国境的图书运输通道。他们希望能够影响波兰国内的年轻人,让他们亲近西方文化。[①] 在 1968 年的危机中,他

---

① Timothy Snyder, *The Reconstruction of Nations: Poland, Ukraine, Lithuania, Belarus, 1569 - 1999* (New Haven: Yale University Press,2003), pp.222 - 225.

们一度遭到当局压制,在 1980 年代再次兴起并且与瓦文萨、布亚克等人关系密切。在中情局进行 QRHELPFUL 行动后,《文化》月刊每年能从前者手中获得 45 万美元的资助。

乔治·明登(George Minden)之前在自由欧洲委员会(Free Europe Committee)负责书籍出版项目,1975 年,他开始担任位于纽约的国际文学中心(International Literary Center)主席。他将该组织描述为一个私人的、非营利性组织,其目的是为全世界人民免费提供优秀书籍。不过在实际工作中,他所创建的这套图书计划不仅得到了来自美国政府的鼎力支持,也与中情局在波兰的隐蔽行动有着密切关系。明登一面公开表示其行为并不跟随美国外交政策,而另一面又不断通过书籍和其他文化交流煽动苏东集团内部不满者们对政府的抵抗。[①]

---

① Alfred A. Reisch, *Hot Books in the Cold War. The CIA-Funded Secret Western Book Distribution Program Behind the Iron Curtain* (Budapest: CEU Press, 2013).

明登所构建的图书网络是非正式的,其运输途径主要依靠一些来自东欧的游客,也通过教会和情报人员。服务于该计划的图书分发者们很多也是波兰的海外移民甚至是流亡者,他们通常会主动与这些来自东欧的游客接触、交流,甚至为这些游客提供住宿、食物等,凭借共同的文化身份拉近感情,最后鼓动他们把这些在波兰被禁的图书带回去。明登就如同一个情报工作者一样抓住一切能够利用的机会,把分散在欧洲各地的波兰人团结起来,并大胆资助他们以开辟更多在文化领域上的路线。

凭借着文化交流的身份,明登及其同事想了各种办法将这些图书顺利运进波兰。乐队一般会肩负起这项任务,书籍被藏在小提琴盒里或其他乐器中以躲避审查。最早在欧洲从事图书秘密交流是以巴黎和伦敦为中心,从维也纳偷偷运进波兰。到 80 年代,阿尔弗雷德·赖斯(Alfred Reisch)则开拓了从瑞典隆德进入波兰的路线,从 1976 年到 1986 年,隆德一地就有超过 6 万本书被输入波兰。另一位国际文学中心成员露德米拉·特罗纳

(Ludmilla Thorne)在冷战后的爆料不仅承认中情局对中心的资助,还提到莫斯科爱乐乐团的成员曾将图书夹藏在他们的乐谱里以蒙混过关。①

直到1983年波兰情报部门才发现国际文学中心秘密图书项目的具体细节,这一情报似乎是来自巴黎图书项目的总部。一年后,波兰政府也从一份报道中得知了中心与中情局之间的关系以及中情局是如何资助中心的图书计划的。不过对于一些更为详细的细节和明登领导下的国际文学中心的人员状况,波兰情报部门却知之甚少。②

国际文学中心在整个冷战期间向苏东集团运送图书超过千万册,其分发图书的站点遍及各地——丹麦、瑞典、挪威、希腊乃至加拿大、巴基斯坦、印度和澳大利亚都有他所建立的分发渠道。在冷战的最后几年里,每年送

---

① Alfred A. Reisch, *Hot books in the Cold War*, p.513.
② Paweł Sowiński, "CIA Covert Book Program: Book Programs in Poland", available at: https://www.wilsoncenter.org/publication/cia-covert-book-program-book-programs-poland.

出的图书超过30万本,近一半被送往了包括波兰在内的东欧国家。从1971年开始,所有的书籍、作者及更新信息都完备地记录在案,通过缜密的组织结构,他们能够清楚地了解这些图书的情况。与团结工会相关的地下出版社出版了数千种报纸、书籍。[1] 比如在1984年,巴黎的波兰书店分发了1287本对波兰当局持有敌意的图书给来到法国的波兰游客,这些游客的身份、地址和其他信息都被详细地记录下来,以便于此后的情报工作。[2]

整个80年代,活跃在国外的反对组织运营着以波兰语和英语写作的超过40种出版物,[3]其中多数直接来自藏匿在波兰国内反对者,他们频繁向西方社会和苏东国

---

[1] Alfred A. Reisch, *Hot books in the Cold War*, p.514.
[2] "Report by Agent 'Gerard' on Paris-Based Polish Bookstore and Activities of CIA-Funded International Literacy Center," November 07, 1984, History and Public Policy Program Digital Archive, Archive of the Institute of National Remembrance, Warsaw, Poland, collection number: IPN BU 0449/32/5 cz. 2.
[3] "Polish Democratic Opposition Press Abroad", available at: http://www. pilsudski. org/portal/en/collections/archive/360-zespol-137, 2017.5.8.

家传递波兰国内政治变化和人权现状,也为波兰国内反抗共产主义政权的历史记忆和"政治启蒙"以及提升美国在波兰人心中的形象产生了重大影响。正如后来一位受此影响的学生在信件中所言:"这些书十分有用,我们也很感兴趣……这些被送到波兰的美国文学不仅颇受欢迎,也是一个你们善意的信号。"[1]

借着基金会这一稍显光明正大的旗号,中情局主导的 QRHELPFUL 行动也随即扩大了其影响。到 1984 年末,之前为隐蔽行动所建立的资金渠道、物流渠道和人员机构已经能够全力运转。大量宣传品、器材和资金通过中情局在世界各地的工作站渗透进波兰以维护团结工会的生存和发展。这些工作站遍布欧洲,其中心设在巴黎——这里从 1950 年代以来就是波兰流亡者反对共产党政权的聚集地,也是他们与中情局接洽、在海外宣传团结工会的基地。而除了巴黎、波恩、伦敦和罗马等各大欧

---

[1] Alfred A. Reisch, *Hot books in the Cold War*, p.324.

洲城市,中情局甚至还在远离欧陆的墨西哥城——墨西哥在 19 世纪末迎来了大批逃离俄国统治的波兰难民——建立了一个工作站以召集在墨西哥的波兰流亡者为隐蔽行动提供帮助。他们在数十家墨西哥报纸上刊登支持团结工会的文章,并为团结工会及其游行活动提供了可观的经济支持以及超过七万份传单。在隐蔽行动鼎盛的 1985 年,仅中情局的线人们就为团结工会秘密提供了超过 90 万美元的资金支持以及超过 50 万册宣传品。①

团结工会的罢工活动也随着资金的充裕和其在文化领域的扩张而死灰复燃:5 月 1 日,即国际劳动节当天,华沙有 1.5 万人、格但斯克有 2000 多人走上街头公开支持团结工会。这是戒严令以来最大规模的抗议活动。

除了金钱和印刷品,美国的隐蔽行动还在无线广播领域继续着它的强攻。

---

① Seth G. Jones, *A Covert Action*, p.231.

1983年,除了连续不断地给反对派提供情报和对波兰国内进行政治宣传外,纳吉德主管下的"自由欧洲"电台也开始介入对团结工会的物资援助渠道并从中获得一定支持。1983年末,纳吉德收到了一款录音机和播放设备。之后几天,他又陆续收到了更多的录音设备和打印机。而每月"自由欧洲"电台的波兰语频道还能收到一笔来自"境外咨询"的秘密款项以资助给各式各样的接收者。显然纳吉德通过"自由欧洲"电台资金购买了一些物资设备,其后将这些设备偷偷运往了波兰。

从"自由欧洲"电台的记录中还能发现这一组织还以资助"自由记者"的名义给很多团结工会重要领导人以资金支持,这些名单包括拉索塔、米尔斯基和后来担任《选举报》记者的布鲁斯泰(Seweryn Blumsztajn)。

在资助团结工会的同时"自由欧洲"电台也没忘记自己的"本行",他们在1983年后以多种方式对波兰政府进行攻击。以纳吉德为代表的波兰流亡者们深知波兰国内民众最想要什么,他们与波兰人共同的生活经历和思想成为"自由欧洲"电台在执行宣传任务时最强大的武器：他们找到流亡的知识分子和其他团结工会成员合作制作电视节目宣传所谓自由和民主思想，同时宣称他们能够将关于波兰国内真实的新闻传递给波兰人，以削弱官方新闻在民间的可信度。[1] 米奇尼克就指出：人们听"自由欧洲"电台不仅仅是想获取关于世界其他地区的信息，更希望得到关于本国的真实新闻。[2] 每次广播的同时，地下刊物就会将这些信息抄写并传播，以扩大"自由欧洲"电台的影响力，其信息包括标识具体的时间和地点并呼吁进行罢工和游行、告知反对派见面的场所等等。"自由欧洲"电台已然成为"革命的布告牌"。[3] 它催化了波兰的政治变革，许多听众收听了这些广播之后成为积极的反对派。进一步说，"自由欧洲"电台协助反对派内部的

---

[1] Linda Risso, "Radio Wars: Broadcasting in the Cold War," *Cold War History*, Vol.13, No.2(2013), pp.145 - 152.

[2] M. Nelson, *War of the Black Heavens*, p.158.

[3] United States Information Agency, "The United States Information Agency: A Commemoration. The Agency," (Washington, D.C., 2000).

政治沟通,乃至成为他们的通讯中心。①

"自由欧洲"电台在波兰的影响如此之大以至于统一工人党发言人乌尔班(Jerzy Urban)后来表示:"如果你们关闭了'自由欧洲'电台,地下运动将会彻底停止。"②

瓦文萨也在事后总结道:

> 当波兰的民主反对派兴起时,"自由欧洲"电台的波兰语频道就一直陪伴我们每一个脚步……它是我们的电台。但也不仅仅只是一个电台。它展现了那些被列在红色审查表上的工作,它是我们的文化部。它曝光了那些荒唐的经济政策,是我们的经济部。它对波兰国内事件的反应迅速、中肯,最重要的是它是真实的,因此它是我们的新闻部。③

---

① Peter Schweizer, *Reagan's War*, p.201.
② M. Nelson, *War of the Black Heavens*, p.158
③ "Message to the Polish Section", REF, May 3, 1992, BIB 1993 annual report, 5, REF/RL. 转引自 M. Nelson, *War of the Black Heavens*, p.160.

1984年,波兰裔美国人大会(Polish American Congress)也参与到了对波兰的宣传战线中。当年6月2日,大会主席理查德·威尔曼斯基(Richard Wiermanski)写信给时任国家安全顾问的麦克法兰,表达了对"美国之音"和"自由欧洲"电台设备升级和业务扩展的支持并要求里根维持对这些广播项目的支持。威尔曼斯基在信中说:"您在选举中对'自由欧洲'电台和'美国之音'将会得到强化和现代化更新的承诺鼓励了波兰裔美国人大会。"[1]

"美国之音"也开始与教会合作,在认识到波兰人对天主教的狂热崇拜后,"美国之音"播出了《我们生活中的宗教》(*Religion in Our Lives*)这一档特别节目,这个节目一周播出六次,专门讨论苏东集团国家中的宗教自由和宗教迫害。[2]

---

[1] Letter, Aloysius Mazewski to President Reagan, February 6, 1984, Folder "240000 - 253999," Box FG 298 - 01, WHORM Subject File, Ronald Reagan Library.转引自 Gregory A. Kinstetter, *Let Poland be Poland*, p.89.

[2] Laurien Alexandre, *The Voice of America: From Detente to the Reagan Doctrine* (Norwood: Ablex Publishing Corporation, 1988).

凭借着升级换代的设备,裹挟着对苏东宗教政策猛烈抨击的电波穿过铁幕,众多的听众清晰地听到了这些节目,尤其在波兰国内,热衷于讨论宗教的波兰人很大程度上受到了"美国之音"的影响。这批观众数量庞大且增长迅速。1984年,"美国之音"一周仅在苏联就能够覆盖14%到18%的成年人口,8%至12%的苏联人还能听到"自由"电台的播音。而对东欧的影响更为明显,1983年,68%的波兰人每周至少一次可以听到西方广播,而且绝大多数听众是居住在城市里的受到良好教育的青年人。到1986年,"美国之音"的一份报告显示数以百万计的俄罗斯、波兰和乌克兰居民可以从无线广播中收听到数百小时的西方广播节目。[①] 不仅如此,许多波兰人还给这些西方电台写信交流,比如"美国之音"在1986年就收到了50多万封信件,超过一半的信件来自波兰,其中

---

① Peter Schweizer, *Reagan's War*, p. 200; "Meeting of the U. S. Advisory Commission on Public Diplomacy," State Department Documents, 2007(July). p. 26.

除了对电台内容的褒贬外（据统计超过93%的来信是对电台节目的高度赞许），还指导他们如何避开苏联和波兰的电波干扰。①

后来，"自由欧洲"电台设计了两个主题："收听'自由欧洲'电台对个人观点的形成产生多大影响"和"公众对国内国际政治事件的观点有没有受到收听'自由欧洲'电台的影响"。结果显示，"自由欧洲"电台在东欧国家民众中产生了极大的影响。在个人观点的形成中，80%的受调者认为是有影响的，认为没有影响的人最高只占到20%。就其对公众的国内国际政治事件的意见形成产生的影响来看，约有90%的人肯定了"自由欧洲"电台的影响。团结工会主席瓦文萨在其自传里就承认，他从13岁开始听"自由欧洲"电台的短波节目，成年后，这些节目对他的政治观点以及对发生在波兰国内政治事件的认识产

---

① Gregory A. Kinstetter, *Let Poland be Poland*, p.104.

生了重要的影响。①

波兰和苏联很早就认识到自己在无线广播宣传上渐渐处于劣势,在与美国的多次交涉中,雅鲁泽尔斯基屡次向美方批评其无线广播对自己的攻击。实际上,雅鲁泽尔斯基非常在乎公众舆论对他自身及政权的评价。波兰领导层也意识到了这点,其实他们自己也常常收听来自西方的广播。有次,中央委员会成员被问到库龙和其他被囚禁的反对派知识分子是否被释放时,他苦笑道:"我刚刚从 BBC 听说又有五名 KOR 成员被囚禁了。"②同样,波兰当局也对纳吉德恨之入骨,在 1983 年 3 月,他被波兰当局缺席审判并判处死刑,一直到统一工人党政权

---

① Mary McIntosh,"Public Opinion Assessment and Radio Free Europe's Effectiveness in Eastern Europe," in K. R. M. Short. ed., *Western Broadcasting over the Iron Curtain* (Croom Helm Ltd.1986),pp.250 - 251. 吕香芝《打开缺口:美国对波兰政策研究》,第 268 页。
② Peter Schweizer, *Reagan's War*, p.160.

倒台才回到波兰并担任团结工会的政治顾问。[1]

也正因此,波兰当局担心无线广播对波兰群众的影响导致更为巨大的反对势力的出现,一方面,他们尽力阻碍来自西方的广播通讯和信号、监视着西欧电台的活动并在国内批评这些电台。另一方面,波兰当局也通过对西方媒体的调查后开始自我反省。通过对1956年波匈事件民众反应的研究,他们建立了两个民意调查机构,一个关注听众的反应,另一个则帮助扩大波兰媒体中"可报道"的范围。[2]

1984年3月9日,波兰政府颁布了一个题为《对抗在颠覆波兰社会意识形态和政治宣传的影响》的报告,当局认识到"敌人对抗波兰社会最重要的工具是无线广播站,其每日波兰语的颠覆节目时长总共达37小时"。报

---

[1] Richard H. Cummings, *Cold War Radio: The Dangerous History of American Broadcasting in Europe, 1950–1989* (Jefferson: McFarland & Company, 2009), p.214.

[2] A. Ross Johnson and R. Eugene Parta, *Cold War Broadcasting*, p.148.

道还认为"(民众)收听电台的主要动机是对其他来源信息的需求,以比较不同渠道信息"。此外,波兰官员还抱怨在境内有超过 1000 万卷非法录像带在流通,有超过 15000 个卫星天线在接收西方的宣传信号。① 最终,波兰当局得出结论:为了完善其反宣传计划,相关机构需要更为系统化,我们的目的是增强和协调此类反情报行动,同时提高专业基础。波兰政府视这些西方的广播和宣传为严峻的威胁,并试图削弱他们的影响。但实际上的效果并不如意。②

苏联在对抗西方广播战上与波兰当局紧密站在一起:他们担心团结工会运动会导致苏联也产生一连串的反对势力——这些情况在匈牙利和捷克斯洛伐克发生了。一位苏联人权团体的领导人的话就很能反映这一点:"没有波兰的团结工会,就不会有戈尔巴乔夫,也不会有巴黎的

---

① Seth G. Jones, *A Covert Action*, p.245.
② Gregory A. Kinstetter, *Let Poland be Poland*, p.106.

萨哈罗夫。"①每年,苏联要花费12亿美元进行广播干扰,但这些干扰措施被威克等人嘲弄为"苏联爵士乐"。

1984年,《真理报》的一篇报道显示了苏联领导层对无线广播带来的种种问题的看法,实际上这篇文章基本上反映出了美国对波兰乃至东欧隐蔽行动中的具体细节。这篇由一位苏联海军将军撰写的文章罗列了几个苏联的"脆弱领域",其中就有包括保护人权、在波兰的宣传和对民族自决的支持。"西方广播总是强调民族文化和习俗的独一无二和语言的多元。他们试图在信教者中鼓动宗教崇拜,以孤立和颠覆政权。"这位作者还提到了"自由欧洲"电台和"自由"电台的煽风点火,增加了社会对苏联的敌意以至于给苏联带来的极大的危险,他借用契尔年科的警告,"(西方媒体)正企图通过无线电台和电视节目对抗我们,干预我们国家的内部事务甚

---

① M. Nelson, *War of the Black Heavens*, p.160.

至颠覆政权"。[1]

西方媒体显然也了解苏联意识形态与其现实统治的弱点。1985年6月,中情局获得了一份1939年希特勒的外长里宾特洛甫和莫洛托夫会晤时使用的地图,这次会晤最终导致了波兰在二战中被两国瓜分。中情局制作了数百万份缩印件并在其背面写上了这次会议的秘密条约内容,偷偷将它们带入波兰,这次活动配合广播宣传激起了波兰民众对苏联和共产主义的仇恨,削弱苏联在该地区民众心中的形象与波兰共产党政权的合法性。[2]

同时,中情局还在波兰进行着对其民众的"攻心战",1984年10月19日,支持团结工会的波别乌什科神父被绑架,之后发现被波兰安全人员杀害。由于波别乌什科是团结工会的狂热辩护者,也是政府的尖锐批评者,在社

---

[1] Sig Mickelson, *America's Other Voice: The Story of Radio Free Europe and Radio Liberty* (Santa Barbara: Praeger, 1983).

[2] Robert M. Gates, *From the Shadows*, p.358.

会上影响力很大,所以这件事在当时脆弱的环境下激起巨大的震动,25万人参加了他的葬礼,瓦文萨事后说道:"他们杀死的不只是一个神甫,而是避免暴力的希望。"①也由于波兰当局在处理此事时方法不当——发言人乌尔班试图以"铁的证据"证明波别乌什科在道义上是可疑的,他的做法让民众对政府的形象更加反感。事后,拉科夫斯基哀叹:"在这件戏剧性的事件中,我们失分95%……总的来说对我们是一场巨大的灾难。"②中情局和梵蒂冈自然不会放过这次打击波兰当局政治形象的好机会。1985年3月,中情局印制了4万张明信片,明信片上有波别乌什科神父的照片和他的布道词,它们被偷运到波兰并在民众间发放。据说教皇对这些明信片也非常喜欢。5月,中情局又在一场波兰与比利时的足球赛上组织了一场团结工会的示威活动,制作了一面20英尺

---

① "Pro-Solidarity Priest is Murdered," *BBC On This Day*, Oct. 10, 1984.
② 拉科夫斯基:《波兰剧变是怎样发生的》,第103—104页。

宽的横幅,通过卫星电视信号将其清晰地在波兰和其他国家播出。[1]

此后,类似的手段屡试不爽。两年后,在《苏德互不侵犯条约》(这份希特勒和斯大林私下签订的条约中暗含了以波罗的海沿岸地区的立陶宛北部边界、波兰的那累夫河和维斯瓦河为分界线瓜分中东欧势力范围的秘密条款,在许多东欧国家民众心中是对其国家主权的侵犯)签订48周年纪念日那天,"自由欧洲"电台故技重施煽动波罗的海三国居民上街游行以反抗苏联的统治,在广播和当地民族主义者的鼓动下,当天有超过5000人上街示威游行,一位游行的组织者称:"如果没有西方广播,我们可能只有100或200人。"[2]

1985年,美新署和"美国之音"内部先后进行了改革,威克为自己选好了一个理想的接班人利兹·卡尔森

---

[1] Robert M. Gates, *From the Shadows*, p.358.
[2] Bill Kellers, "Russians Say Western Radio Instigated Baltic Protests," *The New York Times*, 1987, Aug. 25:A3.

(Ritz Carlson)——他有着十多年的记者经历,三次获得艾美奖。卡尔森从1986年开始主管美新署的公共联络办公室,之后又到"美国之音"负责新闻工作。他力图维护"美国之音"在新闻报道上的独立和公正,他的想法虽然得到了威克的支持,但来自国家安全委员会和联邦调查局的压力却让他受到了多方批评。

此时,还有一件事给了威克打击共产主义阵营"铁幕"的机会。1986年4月26日,切尔诺贝利核电站发生爆炸并导致核泄漏,苏联政府千方百计想要隐瞒这一事实。但西方媒体对此事的报道让苏联丧失其在国民心中的信任,"美国之音"和威克策划的WORLDNET卫星电视网络将切尔诺贝利发生的事情快速而完整地播报了出来。"自由欧洲"电台估计几乎一半的东欧居民从西方广播频道听到了这一爆炸性事件,尽管面临着官方频道干扰,但初步估计有36%的苏联人是通过西方媒体第一次得知这个消息的。威克对此不无得意地评价:"这就是苏联随心所欲地想告诉民众什么事就告诉他们什么事时代的结束。"①

随着苏联在其统治区域合法性屡遭打击,中情局乘胜追击。在1986年初,中情局提供的几批货物被雅鲁泽尔斯基政府查获。不过他们很快更换了资助团结工会的方式,中情局使用过去针对伊朗开发的秘密电视广播技术,向团结工会和其他地下组织提供了大量资金和设备。行动很快产生了预期的效果。

1987年春天,新一批由中情局运输的书籍顺利抵达目标群体手中。5月,他们开始协助团结工会打破统一工人党对媒体的垄断,宣传未来的抗议活动并播出新闻。6月,在教皇第三次访问波兰前夕,团结工会控制了华沙晚间新闻频道,通知团结工会成员参与示威游行。②

总的来说,里根时期的心理战和情报战是其他总统

---

① Nicholas John Cull, *The Cold War and the United States Information Agency*, p.457.
② Robert M. Gates, *From the Shadows*, p.451.

任上难以企及的,陆军上校、心理战专家帕多克(Alfred H. Paddock)对其评价"里根对于冷战时期心理层面的理解好过此前任何一个总统"。[1] 在隐蔽行动最为密集的1984—1986年间,中情局和美新署打破了波兰政府对广播电视的垄断,通过不断的煽动和心理战,让波兰成为苏联控制下独立运动的最盛之地。可见,里根对波兰的攻心之战是其整个对抗共产主义的大战略中的一部分,他希望波兰内部的变化和团结工会的抗争能够影响到苏东地区的其他共产主义国家。瓦文萨在冷战结束十年后接受《华尔街日报》采访时评价里根:"在1980年代,里根为我们展现了一个愿景,对我们而言,这意味着从苏联统治下获得自由。"[2]虽然关于里根是否有一个明晰的大战略尚存争议,但毫无疑问的是,里根时期对波兰的包括经济遏制、无线广播、推广民主工程等一系列隐蔽行动是其大战略的一部分,是精心策划的多部门协调活动。

---

[1] Peter Schweizer, *Reagan's War*, p.202.
[2] *Wall Street Journal*, June 11, 2004.

V

第五章

解冻：隐蔽行动公开化

从1985年开始,与美国关系陷入僵局的波兰政府决定从其他西方国家入手打破波兰外交的困局以及面临的经济窘境。当年波兰统一工人党的一份指导性外交文件中指出:"要认识到与西方关系的总体上困难和紧张的局面,与美国的关系正常化过程将会漫长且艰难。"此份文件也表示:"外交部将优先考虑终止西方国家孤立波兰的政策,比如与西欧国家建立高级别官方会谈。"①波兰当局希望能从西欧着手,一方面是由于西欧国家对波兰的一些政策实际抱以同情和理解态度,并不如美国那般强硬,比如施密特就屡次表示西德不会争做制裁波兰的领头羊;另一方面是因为这些国家如果能够恢复与波兰的正常经贸关系,促进双边经济交流,对波兰的经济复苏将会有极大的帮助。所以,虽然波兰认为与美国的关系是重中之重,但与西欧诸国重新建立联系才是一个可行的选择。

---

① Gregory F. Domber, "Supporting the Revolution," p.261.

不久，74岁的苏联领导人契尔年科（Konstantin Chernenko）的去世为波兰外交提供了难得的契机，戈尔巴乔夫（Mikhail Gorbachev）的上台催化了东西方关系的解冻。在契尔年科的葬礼上，雅鲁泽尔斯基和几位西方国家领导人碰面，交换了对改善双边关系的看法。不久，雅鲁泽尔斯基和德国总理科尔（Helmut Kohl）再次会面，这次会面虽然没有达成任何协议，但两边都真切地表达出了希望能够恢复正常关系的想法。其后几个月，他又会晤了意大利总理克拉克西（Bettino Craxi）和芬兰领导人科伊维斯托（Mauno Koivisto）。6月，日本也在国际货币基金组织声援了波兰，并希望巴黎俱乐部能够重新规划波兰的债务期限。在随后的半年里，波兰与西方国家的关系有了显著改善，经济合作也日益增加。

下半年，借着去纽约参加第40届联合国大会的机会，雅鲁泽尔斯基开始在美国媒体中露面并直接向美国民众表达自己的看法。但是里根却因为此时波兰国内新一轮的对政治犯的抓捕和此前对波别乌什科的谋杀而拒绝与雅鲁泽尔斯基见面,只有舒尔茨在联合国会见了一下他,而这次会见甚至不是单独的。之后,国务院声明:为了抗议波兰国内的政治镇压,美国在联合国大会期间将不会与波兰有任何政策层面的讨论。①

在美国期间,雅鲁泽尔斯基还和布热津斯基、怀特海德等人进行了一个私人午餐会,美国方面清晰地表达了自己的看法——你们对政治犯的打压和波兰国内目前的局势扭转了1984年逐渐缓和的局势。他们认为一旦美国对波兰国内的大赦做出善意的回馈,波兰当局就会重新将政治犯们逮捕,因此,波兰人的做法只是一种骗人的伎俩。布热津斯基当场否认了雅鲁泽尔斯基所认为波兰经济的困难和双边关系的触底是美国政策所导致的看法。②

---

① Bernard Gwertzman, "U.S., Protesting Arrests, Bars Meeting with Pole," *The New York Times*, Sep.1, 1985: 8.
② Unsigned Letter from Robert MacFarlane to Rockefeller with attached talking points for meeting, c. Sept. 4, 1985, RRPL, Paula Dobriansky Files, Box 90892, Poland Memoranda 1984-1985.

不过在美国的不愉快并没有打断波兰和西欧国家的缓和步伐。12月,勃兰特(Willy Brandt)等西德领导人前往华沙纪念两国关系正常化15周年。在当天的记者招待会上,勃兰特说:欧洲的发展需要良好的德波关系,这是历史的必然。雅鲁泽尔斯基也乐观地向外界表达了波兰国内的政局变化:政府与教会的对话正在顺利地进行,团结工会的实力已经大幅削减,绝大多数团结工会成员已经加入了政府创建的新的工会中,他们已经不足为惧。①

雅鲁泽尔斯基的乐观不无道理,当时波兰政府估计西欧国家与美国的分歧会随着东西方关系的缓和而扩大,西欧对美国的离心力将会加强;虽然与美国的关系很可能在短期内依然是死局,但波兰与资本主义国家的关系将会好转,这一进步可能导致北约内部的分裂。在

---

① Elizabeth Pond, "Polish Leader Says Government Enjoys Good Ties with Unions, Church," *The Christian Science Monitor*, 11 Dec., 1985.

1980年代的后期,波兰外交部建议采取更为积极的外交战略,改善波兰国内经济缓解所需的外交环境。

在波兰人的乐观和美国人的冷漠中,微妙的1985年结束了。而从1986年起,持续了近5年的坚冰将被打破,转折的契机也将出现,美国的隐蔽行动也会进入新一轮高潮。

一、新思维、旧对手

对于波兰国内的变化,美国人实际上心知肚明,只是互相的猜忌、优先级不高和缺乏适当的时机让与波兰关系正常化的计划一拖再拖。不过很快,一个巨大的历史机遇出现在两国面前。

如后来协助老布什的国家安全顾问斯考克罗夫特(Brent Scowcroft)回忆说:

华沙条约内部的变化与机遇的存在,构成了关于苏联问题最初的想法的背景。这些年里,这个地区出现了这样一种模式:镇压,逐渐形成一种仇恨,然后是一场反抗的爆发,接着是另一个回合的镇压。但现在出现了转折:……改革和来自莫斯科控制的松弛,使东欧人开始享有自身事务的自主权。①

戈尔巴乔夫的"新思维"为美波关系缓和提供了一次"机会",他的新思维使波兰人跳出美苏两极结构压力考虑自主的外交与内政政策。

1985年11月可谓改变双边关系的关键节点。

在波兰,雅鲁泽尔斯基组织了一个顾问委员会,它由雅鲁泽尔斯基本人直接领导,目的是设计一套合作性方案以推进国内社会政治生活正常化、深化国家和解。这

---

① [美]乔治·布什、布伦特·斯考克罗夫特等:《重组的世界:1989—1991年世界重大事件的回忆》(胡发贵等译),南京:江苏人民出版社,2000年,第39页。

意味着政府开始试图将教会、异议知识分子和反对派成员吸纳进与政府的合作中,并希望能够让他们支持并信任政府的政策。虽然反对派认为这一委员会是为了诱使团结工会接受政府的改革,但在美国大使馆眼里,"现实已经不像华盛顿看来的那么冰冷"。

美国人很快对此做出了反应,他们开始尝试与波兰政府的正常化谈判。当月,美国驻华沙代表团副团长戴维·斯沃茨(David Swartz)会见了统一工人党国际部一名成员,讨论再次被捕的团结工会成员的境况。斯沃茨认为美国正在波兰政府的行为中寻找"鼓励性的姿态"以重新开始双边关系的谈判。不久后,国务院一位波兰事务专员到华沙后传递了来自华盛顿的信号:美国强调释放政治犯的重要性,波兰不应当寄希望于美国的动作,不过双边关系可以重回"小步骤框架"中。[①] 此时美国所期待的就是由波兰政府率先进行有诚意的释放政治犯的举

---

① Gregory F. Domber, "Supporting the Revolution," pp.279 - 280.

动,并且保证不再将他们重新投入监狱。

还是在11月,刚刚上台不久的戈尔巴乔夫也投入了其设想的东西方缓和的事业中。在当月的日内瓦会议上,他在美苏缓和的问题上打开了一条双方都能接受的道路。这次会议是6年多来美苏领导人首次会晤,他与里根在缓和的问题上达成了共识,并且建立了良好的私人关系。[1] 而在接下来的几年中,他每次与美国领导人的正式会面都显著缓和了从80年代开始的紧张气氛。[2]

戈尔巴乔夫认为这次会议的意义不能高估也不能低估,不能说美苏关系已经回到了缓和年代,但是它是在正确方向上迈出的重要一步,有一定的积极成果,展现了一些新的可能性。而就美波关系来说,日内瓦会议的结论是"倾向于在合适的时间对波美关系当前的状况做一个评价"。后来,奥热绍夫斯基在与苏联外交部长谢瓦尔德

---

[1] Andrzej Paczkowski, "The US role in winding down the cold war, 1980-90"in Olav Njolstad ed., *The Last Decade of The Cold War* (London: Frank Cass Publishers,2004), p.311-335.

[2] Andrzej Paczkowski, *The Spring Will Be Ours*, p.481.

纳泽(Eduard Shevardnadze)会谈时认为"我们对改善与美国的关系感兴趣,但是我们仍然没有看到美国人立场改变的任何迹象",他还说,"我们期望美苏关系的正常化将最终导致波美关系的改进"。①

1986年,美波关系是从一次不友好的经历开始的。头几个月,包括团结工会骨干布亚克在内的320名积极分子被捕,由于失去了领导人,波兰境内的团结工会元气大伤。当时一位官员回忆:"布亚克的被捕让反对派的活动遭到了巨大伤害。"团结工会在国内的运动几乎停滞,人们也渐渐不再关注他们。②

但美国愈发严厉的制裁也在继续,1986年波兰与西方的贸易额已经下降到不足制裁前的七分之一,每年能够借到的贷款不足制裁前的二十分之一,而波兰在苏东国家中的欠款也因此飞速增长。美国的制裁已经危及统

---

① Andrzej Paczkowski: "The US role in winding down the cold war, 1980-90" in Olav Njolstad ed., *The Last Decade of The Cold War* (London: Frank Cass Publishers, 2004), p.311-335.
② 施魏策尔:《里根政府是怎样搞垮苏联的》,第294页。

一工人党政权的生存了。

转机出现在3月,美国前助理国务卿沃尔特·斯托塞尔(Walter Stoessel)对华沙进行了一次非官方访问,再次展示了美国希望能够与波兰政府在渐进框架中恢复关系的意愿,并指出现在美国关心的主要问题就是政治犯的问题。4月,拉科夫斯基向雅鲁泽尔斯基建议释放一切"非刑事犯"(即政治犯),教会同时也不断地给当局施压;5月,关于释放政治犯以换取同美国关系正常化、恢复国内经济的争论更加激烈。波兰党内一位高级官员在强调释放政治犯时提出:"社会主义不会因为几张传单而垮掉,但贫困却会使社会主义垮掉……同反对派作斗争不能只是把这些人关起来。"[1] 6月,斯托塞尔给波兰政府传话,表示舒尔茨和里根都不愿意率先采取步骤,因为依然有反对派成员被再拘捕,美国不想再被波兰政府欺骗。

1986年6月,波兰统一工人党第十届党大会即将开

---

[1] 拉科夫斯基:《波兰剧变是怎样发生的》,第120页。

幕,此时,戈尔巴乔夫做了一件此前苏联领导人从未做过的事——他完全赞成雅鲁泽尔斯基意图将反对派吸纳进政府以促进波兰社会正常化的和解过程。这个举动激励了雅鲁泽尔斯基希望通过大赦缓解波兰国际压力的想法,因为此前的苏联领导人都对波兰局势报以极大关切,他们总是给波兰政府施压,要求其对反对派采取强硬的政策。而戈尔巴乔夫的"新思维"则推动波兰政府做出新的选择。因此,在大会第一天,雅鲁泽尔斯基即宣布决定新一批的大赦,计划释放300名政治犯,他们主要都是在1984年第一次大赦后被再次拘捕的。7月24日,赦免正式开始,包括米奇尼克和里斯等团结工会临时协调委员会成员都相继获释。

8月1日,格莱姆普和教会也开始介入释放政治犯的进程,他们与雅鲁泽尔斯基领导的顾问委员会展开协商,希望当局能够进一步释放所有在押政治犯。[1] 斯沃

---

[1] Jackson Diehl, "Poland Releases Solidarity Activist Bogdan Lis; Poland Releases Union Activist," *The Washington Post*, August 1, 1986.

茨表示"如果统一工人党同意释放其余的政治犯,那么华盛顿可能会废除对波兰信贷问题上的禁止令"。西欧国家领导人也紧随其后,克拉克西也宣布如果雅鲁泽尔斯基释放了所有政治犯,那么他将会考虑访问波兰。7月30日,在欧洲经济共同体的一次会议上,英国大使设计了一个将政治犯待遇与对波政策挂钩的方案:如果依然在押的布亚克及其他政治犯被完全释放,那么波兰与西欧国家间的关系将保持上升的态势;而如果波兰当局停止了释放政治犯的进程,那么西欧与波兰刚刚转暖的关系也将随之冻结。

面对欧洲国家抛出的胡萝卜与大棒,波兰政府很快做出了妥协。由于戈尔巴乔夫在国际社会上对西方国家的频频示好和波兰国内经济社会压力,他们已经意识到了改善东西方关系的压力,8月6日,一份名为《关于我们内部情况对于西欧关系的影响》的文件出台,几天后,这一文件在波兰政治局被讨论,结论认为"如果不继续对绝大多数反对派积极分子进行赦免,将会对我们积极而有效的西欧政策产生不利的影响"。几星期后,他们又收到一份来自内务部和中央委员会的专家联合撰写的报告,认为:最近几个月来,两个超级大国的关系显著改善,有利于双边对话的积极活动有了相当大的增长……但波兰没能参与其中。因为西方国家将与波兰正常化的进程与波兰国内状况挂钩。故为了进一步打破僵局,波兰可以选择通过扩大释放政治犯的范围来克服当前困境。① 因此,如果继续坚守立场,波兰政府希望恢复与西方关系、改善国内几近崩溃的经济状况的计划就难以实现。

9月11日,波兰外交部宣布将释放所有在押的225名政治犯。15日,包括布亚克在内的所有在押政治犯都被释放。至此,波兰政府满足了美国在戒严令后提出的解除制

---

① Andrzej Paczkowski: "The US role in winding down the cold war, 1980-90" in Olav Njolstad ed., *The Last Decade of The Cold War* (London: Frank Cass Publishers, 2004), p.325.

裁三前提,瓦文萨对此也表示"十分满意"。① 这是美国及其西方盟友通过"小步骤框架"对波兰当局施加政治压力,迫使其改变国内政策的最成功实践之一。

不过里根政府一开始对于波兰的大赦并没有做出迅速的政策回应:一是因为美国人仍然受到波兰政府过去对反对派频繁的打击的影响对此感到担心;二是美国当时将主要外交精力都放在了如何与戈尔巴乔夫打交道上了——这个与此前风格迥异的领导人需要美国人花一些时间来适应,并且美苏两国关系在雷克雅未克会议后的几个月又变得起伏不定;而另一原因就是当时的美国国内爆出的伊朗门让里根政府自顾不暇,凯西和舒尔茨两人相互指责,不久之后凯西离开了中情局,由他的副手盖茨接替他的工作;里根的几位得力助手,如麦克法兰、波因德克斯特等人也相继辞职。这些因素延缓了美国对波

---

① Jackson Diehl, "Poland Declares Amnesty: Political Prisoners To Be Released," *The Washington Post*, Sep. 12, 1986: A1.

兰大赦的反应速度。

不过美国政府还是在 1987 年 1 月 28 日,派出了怀特海德对波兰进行访问,作为双边关系正常化的信号,也是对波兰政府国内政治改革的"奖赏"。这也是 1981 年戒严令以来美国访问波兰的最高级别官员。怀特海德一到华沙就表示他希望能会见雅鲁泽尔斯基、格莱姆普和瓦文萨,不过一开始,吉纳斯表示瓦文萨并不能来华沙,因为他已经用完了格但斯克造船厂给他的所有假期。怀特海德显然不相信这套说辞,他威胁吉纳斯:如果他不能会见瓦文萨,那么他坐飞机去格但斯克见他而不去会见雅鲁泽尔斯基。这个威胁很快奏效,当他抵达酒店时,政府官员告诉他将会安排瓦文萨来华沙的行程。

怀特海德最先会见了奥热绍夫斯基,他们谈了些人权问题和文化交流上的合作。第二天,两方的谈话就开始涉及核心的经济问题了,时任总理的梅斯纳(Zbigniew Messner)暗示道:"波兰唯一能够解决外债问题的方法就是增加出口,同时需要新的信贷以支持现代化的进程。"并对怀特海德解释了波兰政策制定过程中对经济因素的深刻考量。之后,怀特海德与雅鲁泽尔斯基会面,此时他们已经没有了针锋相对的紧张气氛,虽然怀特海德依然谈到了人权,但他不再对波兰政府的行为多加批评。两人的谈话很大程度上解决了困扰两国关系许久的相互不信任的问题。

在戴维斯的住所里,怀特海德会见了瓦文萨,后者向美国人阐述了团结工会未来的经济计划并表示他们希望美国和统一工人党的关系能够改善,这样美国就能对其施加更大的影响力促使其在"令人满意的方向"上进行改革。最后,瓦文萨清楚表示:"团结工会支持美国取消制裁……是时候寻求一个新的途径了。"[1]

当怀特海德离开波兰时,他对两国关系的未来感到乐观。如他所言:"我现在坚信东欧和西方之间存在着一

---

[1] John Whitehead, *A Life in Leadership: From D-Day to Ground Zero: An Autobiography* (New York: Basic Books, 2005), pp.163 - 165.

些机会,我想我们应该对每个能够影响到这些国家的契机都要警觉起来……我相信在这一区域内暗含着巨大的改变的力量,这些力量与苏联的关系并非是绝望的。"①

怀特海德回国一周后,1987年2月14日,里根宣布解除所有对波兰的制裁,他在文件中写道:"今天是第一步,也是一大步。我们与波兰的关系只有坚定地立足于波兰国家和解的基础上才能得到发展。在1981年我们为之点亮的波兰人民内心的火焰,那象征着正义和自由的火焰绝对不会熄灭。"②

9月,副总统布什访问波兰,两国关系被推向了新顶点:两国签订了新的科技合作协议、重新宣布了两国互派的大使(分别是戴维斯和吉纳斯),布什还答应考虑帮助波兰解决外债问题。之后,波兰在巴黎俱乐部签订了重新安排85亿美元外债的协议。

---

① Gregory F. Domber,"Supporting the Revolution," pp.313-315.
② "Statement on the Lifting of Economic Sanctions Against Poland," available at: https://reaganlibrary.gov/35-archives/speeches/1987/6459-021987a.

同时,在宣传活动上美国也以更为克制的行为表达了改善关系的意愿。6月16日,美新署欧洲局副局长彭德格拉斯特(Dell Pendergrast)访问华沙讨论新的文化和信息交流项目,暗示美国正在考虑降低对波宣传的力度,不久后,双边政府便开始了正式的关于信息、教育和文化交流的协商。① 同年,威克建立了快讯社,借助现代化的通信设备,快讯社能够直接向包括罗马在内的各大城市直接传递讯息,大大加快了情报的交流。

12月,国际广播委员会(Board for International Broadcasting)与波兰官员在华盛顿就国际广播问题进行交涉,波兰代表要求美国对攻击性的政治宣传进行节制,相应地,波兰在1988年1月终止了对"自由欧洲"电台的信号干扰。②

至此,旧的"大棒"被移除,两国关系进入了新的时代。

---

① Gregory F. Domber, "Supporting the Revolution," p.361.
② Paweł Machcewicz, *Poland's War on Radio Free Europe*, 1950–1989, p.276.

二、团结工会的内部矛盾

然而美国对波兰的隐蔽行动并没有因为两国关系的改善而停止，它们部分地转为公开驰援团结工会的行动。随着波兰国内和解进程加速、反对派在公共领域起到的作用越来越大，美国加大了对团结工会的资金支持。尤其是在政治犯被全部释放、社会管制逐渐宽松之后，美国的隐蔽行动呈现了两个趋势：其一是强化了在文化领域及其他软实力的输出，对波兰民众的认知造成了很大影响；其二是美国提供隐蔽资金支持的主体也变多了，逐渐不再完全依靠中情局的隐蔽行动。所以，相较于此前以"四驾马车"为主要资助源头的秘密网络，在1986年后，越来越多基金会、文化组织和其他非政府组织都公开或半公开地加入对团结工会的支持活动中，尤其是美国国会常常向团结工会等反对派拨款，显示出了波兰社会氛围宽松后隐蔽行动"公开化"的趋势。①

公开化还体现在了团结工会自身的变化上。1986年10月,团结工会在此时做了一次大胆的转变,当时,团结工会领导人在格但斯克开了两天会,对美波关系缓和后的局势重新进行了评估。在格但斯克和华沙同时进行的记者招待会上,团结工会领导层发表了一项引人注目的声明:团结工会即将公开活动。瓦文萨宣布:"我们不想秘密活动了。"②

这是一个意义深远的变化,它不仅意味着反对派公开向当局挑战、迫使雅鲁泽尔斯基在国际制裁的长期威胁下只能采取温和的立场;还意味着美国对团结工会的支持也逐渐变得愈发公开和大胆。波因德克斯特认为,波兰当局十分清楚,对团结工会的继续打压意味着美国继续进行制裁并且进一步紧缩对波兰的贷款。雅鲁泽尔

---

① Rainer Thiel, *Nested Games of External Democracy Promotion*, p.196.
② 施魏策尔:《里根政府是怎样搞垮苏联的》,第296页。

斯基别无选择。

凭借着雄厚的财力和巨大的政治影响,美国国会对波兰国内局势的影响不亚于任何一个此前支持团结工会的组织,一方面它通过对美波关系政策的塑造左右着波兰国内政治变化;而另一方面则直接通过拨款为团结工会提供物资支持。

1987年3月,由国会研究处(Congressional Research Service)提供的一份名为《波兰的复兴和美国的选择》的报告给美波双方重启协商的可能路径做出了分析:勾勒了美国通过国际金融机构为波兰经济的复苏所做努力的可能选择。报告提供了三种选择:如1981年12月时断绝与波兰经济往来的惩罚性政策,如1970年代那样不加批判地向波兰提供借贷的特惠性政策,以及有条件的重新建立联系。报告否决了在1981年12月的制裁选择,因为这一政策可能会使波兰和西欧、日本的关系好转,从而削弱美国强硬的经济孤立立场;之后,报告也拒绝了"不加批判地特惠政策",这一政策会忽视波兰国内的政治发展。因此,这份报告建议采取一个能够相互促进的政策,即"有条件的重新接触"。这种政策实际上符合了此前双边交流中一直强调的"小步骤框架",因为在国会给出的促进关系所需特定条件中,包括了如"建立政府与社会对话""释放政治犯""重建包括市场主导力量的经济"等政治前提。由于此时西欧和日本已经与波兰在经济关系上恢复了正常交往,所以美国唯一能够促使波兰国内政治变革的选择只有将美国的经济力量投射到波兰国内的经济恢复过程中。也因此,报告强调了美国在这方面的优势,尤其是在对国际组织的影响力上,指出美国应当利用如国际货币基金组织和世界银行等提高波兰经济和人民生活水平。

同时,舒尔茨和怀特海德认为目前对团结工会的支持远远不够达成其反共目标。他们还游说国会开始大规模地直接介入对波兰的政治行动中,以至于从1987年开始,他们对团结工会的支持甚至盖过了柯克兰德。

4月30日,来自纽约布法罗地区(一个波兰裔美国人聚集区)的共和党代表杰克·肯普(Jack Kemp)向国会提交了一份申请,要求给团结工会提供100万美元的资金支持。共和党议员莫里斯·尤德尔(Morris Udall)赞许这一方案"鼓励团结工会那些勇敢的成员们,他们值得我们的支持的表态。他们也值得这些具体的援助……以继续为了基本人权而斗争"。5月1日,参议院批准了这一拨款,并建议这100万美元通过"过去用于为团结工会提供援助的渠道"进行支持。尽管有人批评在当时美国自身也面临高财政赤字的情况下使用这笔"非紧急拨款"并不妥,不过资金还是很快被转交到了团结工会手中。

7月,当时还是参议员的约瑟夫·拜登(Joseph Biden)、波兰裔众议院议员芭芭拉·米库尔斯基(Barbara Mikulski)和其他几位同僚一同起草了一份名为《1987年美国对波兰援助方案》的草案,这份方案提议拨款100万美元支持美波两国双边科学技术项目交流,提供1000万美元支持波兰私人农民。到1989年底,这项计划总共为

第五章 解冻:隐蔽行动公开化 253

波兰农民提供了8000吨农业产品和200万美元的医疗物资等人道主义支援。伴随着这次方案一同进行的还有对团结工会的特别关注:在美国大使馆内建立了波兰裔美国人委员会以决定如何使用这批资金;而拜登的同僚还直接将一笔不少于100万美元的拨款直接拨给了团结工会。①

12月,团结工会得到美国国会第二笔100万美元的资助,到1988年9月,拨款提高到200万美元。虽然这些资金依然要通过劳联—产联和民主捐赠基金会的渠道,但在对团结工会的支持上国会在当时显然比劳联—产联更为引人注目,以至于柯克兰德一度从捐赠名单中消失。比如1988年8月24日在克拉科夫附近召开的一场人权大会上,数百名国会议员参加其中,却不见柯克兰德的身影——这似乎是对波政治行动在政局变幻后主体

---

① Gregory F. Domber,"Supporting the Revolution," pp.332 - 333.

交替的写照。[①]

随着越来越多资金直接被注入团结工会,团结工会的领导们也注意到了这一动向。1986年10月,当两国关系刚刚开始升温时,负责波兰国内团结工会反抗运动的临时协调委员会发言要求这笔资金应当"公开地给予,不包括任何政治要求前提"。实际上美国政府也担心国会直接对团结工会的支持会被波兰国内媒体抓住把柄,指控团结工会是国外政府的代理人。因此,直到1987年,所有美国官方对团结工会的支持都是从民主捐赠基金会和自由工会研究所的非政府渠道进行的,以让团结工会领导人能够显示其组织的独立性,因为他们能够声称这些资金是来自于兄弟工会而非外国政府。

在1986年底,米尔斯基向美国参议院发送了一封大胆的申请,希望拨款委员会可以采取更加直接的姿态为

[①] Idesbald Goddeeris, "Solidarność, the Western World, and the End of the Cold War," *European Review*, Vol.16, No.1(2008), pp.55-64.

团结工会提供支持。他在信中建议国会不要局限于民主捐赠基金会和既有的隐蔽通道,而是可以利用一些其他尚未发现和利用的资源甚至直接使用国会预算进行拨款。同时,米尔斯基也给柯克兰德寄去一封信件,表示临时协调委员会在1988年前所需的预算为1360万美元。而在此时的国会,保守派议员们对此十分感兴趣,他们乐意接受这种直接干预的角色。[1]

有趣的是,国会对团结工会的高度关注引起了美国内部的矛盾。劳联—产联对国会的变化并不满意,因为他们认为国会在有意地削弱他们在隐蔽行动中的地位和立场,故而他们希望能够通过游说保持其立场。柯克兰德在里根决定解除对波兰的制裁之后就对当局十分不满,他要求一定要等到波兰当局重新赋予团结工会合法地位时才能解除制裁,虽然舒尔茨和柯克兰德一样带有同样的担忧:如果波兰政府趁着制裁的解除再次获得大

---

[1] Gregory F. Domber, "Supporting the Revolution," p.334.

批资金而不进行足够的社会改革,那么除了给波兰带来新一轮的债务之外对局势并没有帮助。但在教会、瓦文萨、西欧政府和许多民主党人的强烈要求下,大部分制裁还是被取消了。

但1987年初里根完全解除对波兰的剩余制裁时,柯克兰德勃然大怒,他对这个决定极为不满,以至于托人询问瓦文萨是否真正支持美国政府的做法,直到瓦文萨表示他对里根的决定表示支持时,柯克兰德才勉强接受了这个决议。之后的一年里,柯克兰德又因为里根赋予波兰政府普遍优惠制(General System of Preferences)地位而产生不满,他强调波兰当局的做法违背了国际普遍承认的工人权利和国际劳工组织所赋予工人的自由结社的权利。[1]

瓦文萨显然对美国国会的热情有些不知所措,他不久给美国国会写信解释自己的想法,在信中他对国会的

---

[1] Arch Puddington, *Lane Kirkland*, pp.217-218.

举动表达了感谢,也表示自己会将这批资金用作团结工会的社会基金。1987年8月,他又给柯克兰德发去了一份私人回复:

> 我们接受这些好意的援助……但整件事情已经招惹来了太多关注,这让团结工会的处境有些尴尬。我们始终在解释我们接受的经费来自友好的兄弟工会,这些活动和社会机构力图以此支持波兰工会的权利和斗争。保持运动的独立性是我们的主要原则。虽然我们很需要钱,但使用来自美国政府的这笔资金会让这一原则陷入矛盾。我们不仅要考虑在官方宣传中,还要考虑可能在那些组织和机构中都会有人指责:团结工会是为了外国人的利益。[1]

国会也接受了瓦文萨的要求,不再倾心于米尔斯基

---

[1] Gregory F. Domber, "Supporting the Revolution," p.335.

那种过于激进的方法,1987年的100万拨款全部从民主捐赠基金会分配给了人道主义组织国际救援委员会(International Rescue Committee),他们以人道主义的名义为团结工会购买了三辆救护车、建立了以团结工会为运营方的医疗站点。①

显然,美国人已经将瓦文萨视为波兰反对派的代表,而瓦文萨同样也愈发重视自己在公众当中的形象和他所代表的团结工会的地位,无时无刻不强调其组织的独立性。即使面对远高于协调委员会所能提供的、来自美国官方的100万美元资助,他也相信自己纯粹的立场比公开地接受与外国政府关系密切的资金更为重要。不过波兰存在巨大的资金缺口,团结工会凭借这笔巨款建立了社会基金。

为了不触怒波兰社会,国会的拨款不得不采取了更

---

① House Committee on Appropriations, Departments of Commerce, Justice, and State, the Judiciary and Related Appropriation for 1989, part5, 100th Cong, 2nd session, 1988, p.714.

为复杂隐蔽的办法:200万美元的资金通过国际救援委员会之手以人道主义救援的名义交给了国际开发署,不过国际开发署实际上并不想管理这笔钱,也不想挑起与波兰政府的矛盾。所以,他们将这笔钱又转交给了美新署,再让美新署通过一些手段把钱给了民主捐赠基金会进行管理和分配。①

无论团结工会如何拒绝来自美国国会的直接捐助,他们依然秘密地通过波兰政府难以发现的地下网络获取了大量资金。

虽然布鲁塞尔办公室为团结工会的生存和发展做出了巨大贡献,但也有人批评他们的工作有时考虑不周。有次,三辆满载走私货物的长途货车在格但斯克被波兰当局查获,那次团结工会被没收了近20台复印机、9500份复印模板、一台无线电话和许多印刷材料。这次事件

---

① Rainer Thiel, *Nested Games of External Democracy Promotion*, p.197.

不仅给团结工会造成了巨大损失,还被政府拍摄下来送给电视台播放,作为团结工会受外国政府操控意图颠覆波兰政府的证据。后来在什维诺乌伊什切港口的一次行动中,波兰政府甚至一次没收了40吨的物资,其中有近百台印刷设备和先进的计算机。

同样的事情也发生在东德,1987年,由被当局驱逐出境的团结工会积极分子多米尼兹克(Miroslaw Dominczyk)计划的一批从东德过境给团结工会的秘密物资被当地政府查获,7台印刷机和其他配件也被一并没收。此类事件屡屡发生,如盖莱梅克回忆的:一些失败是不可避免的,敌强我弱。而真正的挑战是团结工会内部是否有人提前将货运信息告知给了政府。[1]

盖莱梅克的这句话显然颇有深意,早在1984年,波兰当局的一位特工亚采克(Jacek Knapik)伪装成布鲁塞尔办公室与波兰国内地下组织间的联络员,搜集了大量

---

[1] Arch Puddington, *Lane Kirkland*, p.220.

团结工会领导人和劳联—产联之间的往来信件，其中包括他们与柯克兰德、欧文·布朗甚至布热津斯基的秘密通信。后来他向波兰警方提供情报，导致博格丹·里斯被捕入狱。而波兰内务部也再次将这些证据作为团结工会通敌的证据，并将柯克兰德视为与中情局有联系的人。

为此，团结工会也进行了调整。欧文·布朗认为像团结工会这样的地下组织，其资金的运输渠道越分散越好。以避免类似的泄密再次发生。同时，他也意识到了团结工会布鲁塞尔办公室的一个内在矛盾：作为团结工会在"自由世界"的代表与其隐蔽工作任务之间的矛盾。从这个角度而言，团结工会的秘密活动在波兰当局的攻势下并没有获得什么道义上的优势。

但总体上秘密运输的渠道仍持续发挥作用。据一位波兰安全部门官员回忆：在戒严令期间，大概有70%的秘密货物能够偷偷越过边界到达团结工会的手中，而资金则几乎都能够顺利汇入团结工会的钱包。不过他也提到当时波兰情报部门已经意识到团结工会内部的"反间谍"活动,团结工会担心他们在与国外组织的互动中被波兰安全部门秘密渗透。因此,团结工会成员在海外有时甚至拒绝与波兰人见面,其领导人有时也不愿和波兰海外移民交流,正是因为担心他们是波兰政府派出的特务。[1]

当时,美国政府每年给劳联—产联拨款约150万美元,支持其建立、运营28个团结工会在海外的工作站。[2]这一套逐渐形成的从海外到波兰国内的地下交流网络在各基金会、劳联—产联和教会等多个团体近十年的运作下日益规范化、制度化,对团结工会的发展起到了如生命线般重要的作用。

---

[1] Arch Puddington, *Lane Kirkland*, p.223
[2] Simon Rodberg, "The CIO Without the CIA(AFL-CIO's international labor activities)," *American Prospect*, 2001(July).

三、 民间资助的拓展

随着外交关系的变化,隐蔽行动的内容和目标也在一定程度上发生了改变:它变得更为公开、更为多样、主体也更加复杂——以国会为代表的美国政府大张旗鼓地介入波兰内部的团结工会斗争中,但同时美新署却退居二线;非政府组织的援助也更加丰富,而且民主捐赠基金会在此方面的影响始终不容小觑。而在内容上,则出现了通过青年交流项目、科技文化合作等公开的文化领域交流促进美国软实力和国家文化在波兰的传播。在目的上也不再仅仅以保证团结工会的生存为主,而是开始重视如何拓展团结工会及其代表的独立文化的影响,并且开始重视团结工会之外的其他反抗组织的地位。

1986年,民主捐赠基金会在维持对国际文学中心和团结工会委员会等组织进行秘密支持工作的同时再次扩大了对团结工会的直接援助——从前一年的60万美元增长到超过90万美元,援助主体从1985年的3个(劳联—产联、曙光基金、"自由之家")增加到了6个(增加了波兰裔美国人慈善基金会、东欧民主研究所和美国波兰艺术与科学研究所),而援助目标也由此前主要针对西欧团结工会分部扩大到了美国本土。其中有三分之一通过自由工会研究所建立的渠道汇给了委员会。而委员会在东欧的东欧民主研究所(Institute for Democracy in Eastern Europe)得到了超过12万美元,以支持在波兰的独立出版社、独立出版物和人权教育事业。不止于此,长期关注人权和妇女权益的美国曙光基金会(The Aurora Foundation)也从中得到了9万多美元以协助巴黎的文学书库出版社出版关于人权和教育的刊物以支持波兰的工人运动。"自由之家"则获得了12.72万美元帮助波兰的反对派出版了三种刊物,其中最著名的就是《未审查波兰新闻公报》(Uncensored Polish News Bulletin),它们向国际社会传递波兰抗议运动的新闻、批评波兰和苏联的新闻审查政策。并且"自由之家"还十分周全地追加了部分资金以保证这些新闻能够躲过边境审查而在波兰地下发行。

由于知识分子在团结工会运动中的独特地位,民主捐赠基金会还将援助的"触手"伸向了在美波两国都赫赫有名的学术机构波兰艺术与科学研究所,该机构的慈善与学术基金得到了2.5万美元以推动关于波兰民主化发展的刊物出版,从学术界扩大团结工会民主运动的影响力。[①]

为了监督这些资金的运作,基金会专门建立了一套管理系统以审查和编写这些资金的使用情况。每年这些组织会准备好资金使用情况计划,上面记载了这些资金是如何分配和大致如何使用的,并向基金会汇报。但是,诸如自由工会研究所、曙光基金会和"自由之家"之类的

---

① House Committee on Appropriations, Departments of Commerce, Justice, and State, the Judiciary and Related Appropriation for 1989, part5, 99th Cong, 2nd session, 1986, pp.498-500.

组织并不与反对派直接联系,他们仅仅是将基金会提供的大量援助转交到位于美国或欧洲团结工会境外办公室的中间人,再通过实际运作境外办公室的波兰反对派将这些钱转入波兰境内的团结工会手中。

从1984年建成到1988年,民主捐赠基金会对于波兰的援助至少起到了三重影响:

首先是为政治犯和团结工会的积极分子提供必要的生活物资保障,一方面为处于波兰境外的团结工会组织和协助他们的出版集团提供资金与设备,同时也为波兰境内的团结工会活动偷偷运送必要的物资支持。[①] 其中许多是以人道主义救援的名义被运进波兰的,比如美国波兰艺术与科学研究所每年会有9万美元左右的物资以此名义进入波兰,包括了食品、衣物和药品等等。虽然是人道主义救援,但实际上如基金会的一份报告中指出的那样"这已经是完全基于政治考量"。

---

① Arch Puddington, *Lane Kirkland*, p.218.

波兰裔美国人慈善基金会(Polish American Congress Charitable Foundation)就是主要负责为反对派积极分子及其家人提供生活保障的组织。从1985年开始,他们每年向波兰国内被捕的团结工会成员提供9万美元的援助,并通过其在波兰的联络人保证这些款项顺利地到达他们手中。这一项目一直持续到1989年团结工会上台。资助意味着为团结工会的活动者们提供某种保证——保证他们能够承担被捕、被囚禁和失业的风险。[①] 因此,很多援助实际上就是为了抵消团结工会成员参与抗议活动的后顾之忧,鼓励他们更为积极地参与到罢工和反对统一工人党的活动之中。

同样的工作还有一些私人的参与,比如一位名为耶日·波涅克(Jerzy Boniecki)的波兰裔澳大利亚企业家,他不仅富有且狂热地支持团结工会运动,他承诺给每位为反对派做出重要贡献的独立出版商、人权活动家、学

---

① Gregory F. Domber, "Supporting the Revolution," p.339.

者、作家和记者等500美元的报酬。此类活动的意图和民主捐赠基金会一样,都是为了补偿反对派们被捕后受到的惩罚。①

其次,基金会为波兰国内外的出版商和文化交流提供了隐蔽支持,根据不同的目标人群,这些刊物也存在一定区别:比如在纽约的支持团结工会委员会和在伦敦的波兰事务信息中心(Information Centre for Polish Affairs)主要是为海外读者提供波兰当局在国内违反人权的情况和国内政治局势的信息,他们常常翻译一些来自波兰的地下出版物的文章。而如文学文库和《文化》杂志等以波兰国内民众和反对派为目标群体的出版物则会邀请一些知名的波兰持不同政见者撰稿,将作品以微缩胶卷的形式走私进波兰,在波兰地下再出版。

从1986年开始,民主捐赠基金会每年从波兰裔美国人慈善基金会那获得10万美元,并以支持"独立文化"的

---

① Gregory F. Domber, "Supporting the Revolution," p.339.

名义向亲团结工会的、以克拉克夫斯基为代表的"独立教育、文化、科学委员会"(Committee for Independent Education, Culture, and Science,波兰语简称 OKN, *Oswiaty, Kultura, Nauk*)提供帮助,支持他们的一些文化交流活动,而此类活动很多是被波兰当局视为不合法的或应当被审查和限制的。利用这些资金,OKN 还下设了三个机构:独立教育集团(Independent Education Group)、独立文化委员会(Independent Culture Committee)和科学社会委员会(Social Committee for Science)。每个委员会都有自己创办的周刊,并且会不定期地出版、翻译一些在波兰被禁的社会科学作品,其中就包括马克斯·韦伯的《以政治为业》和乔治·奥威尔的《1984》等等。同样,慈善基金会也帮助文学书库的建设。仅在 1987 年,仅自由工会研究所就为这些宣传人权和工人运动的地下出版物提供了超过 41 万美元的资金,在金额上远大于慈善基金会。

而 OKN 更为重要的任务是为学者的研究计划提供

资金支持。在当时的波兰有很多研究禁区,OKN鼓励一些学者对这些历史问题进行研究,以此揭露出统一工人党政权的不光彩历史,打击其执政合法性,比如当时颇为敏感的戒严令问题和二战时期波兰人与犹太人关系的问题。

地下文化运动在1987年之后达到了一个新的高潮,飞行大学的课程很大程度上得到了来自OKN等组织的支持,他们展出了7年前瓦文萨在格但斯克罢工时撰写的宣言和文件,并且教会也参与到了这一给年轻人秘密教育的活动中。同年,超过40场艺术展览和文艺活动在波兰举行,许多作品展现了艺术家们所向往的"独立自由的生活",这也是此前从未有过的。OKN还赞助了各地图书馆和档案馆搜集被封禁的文献、档案和口述材料作为反对当局的重要材料。[①]

相比于对波兰境内反对派的支持,这些组织似乎更

---

① Michael Dobbs, *Poland, Solidarity and Walesa* (New York: McGraw-Hill Companies,1981), pp.67-68.

乐意为普遍建立在国外的文化出版商提供援助,因为这种支持更为简单、快捷,也不用冒着被波兰政府没收的危险。

这些文化活动极大扩张了反对派的成员结构,在1980年代前半期,波兰的反对派是以团结工会和原"保卫工人委员会"成员为代表的工人。但到了1980年末,反对派已经包括了教师、学生、神职人员、知识分子和艺术家等等,不再只局限于工人阶级。这种转变最早在1982年8月的游行中虽已见端倪,但当时没有人意识到这点。

而最后一点则是打通了通往波兰国内的资金援助秘密通道,自由工会研究所在其中影响最大,它每年为团结工会海外协调办公室提供几乎三分之二的预算。[1] 据米尔斯基在1987年的报告,协调办公室每年的预算中有10%用来为团结工会活跃分子提供生活上的支持,15%

---

[1] Timothy Snyder, *The Reconstruction of Nations*, p.229.

用来资助建设民族领导力,15％分给了团结工会各个区域组织,25％用来在海外购买必要的设备以供给波兰境内的团结工会组织,如打印机、通信工具及其配件等。15％的资金用于布鲁塞尔办公室的运营,还有10％分配给了不隶属于团结工会的其他反对组织,最后10％提供给了同样不隶属于团结工会的独立出版社。[①] 可见,通过自由工会研究所和团结工会的布鲁塞尔办公室,来自美国的资金秘密地流动在团结工会和其他反对派组织之间,每次来自民主捐赠基金会的资金都经过了数个国家、无数次转手最终进入波兰,支持着反对派们的工作。

同样,基金会对波兰反对组织的资助也是巨大的,在1986年后,它的资助范围已经不仅仅只针对团结工会,而是拓展到了其他反对组织。而资助对象也广泛涉及了艺术、科学和教育领域,这些行为为波兰反对派提供了更多行动基础和抗议手段。

---

① Gregory F. Domber, "Supporting the Revolution," p.340.

VI

第六章

通往圆桌会议之路

1987年与美国的和解提高了波兰统一工人党的国际地位,领导层之间多次坦率的谈话也让美波两国的政治互信逐渐加强。但国内情况却不容乐观,按照波兰政府的想法,提升国际地位能够缓解国内紧张的社会局势,但显然局势并没有如雅鲁泽尔斯基所设想的那样美好。

1987年年中,一份党内报告显示:

> 社会中的总体的焦虑感正在随着持续的经济危机而日益严重。认为经济问题不会好转而是会变得更糟的看法在社会中蔓延。官方的乐观主义情绪和社会实际感受之间的差距正在扩大……社会不满伴随生活成本的提高正在上升。

美波关系的改善对于公众实际并没有造成多大影响,对于大多数普通群众来说,外交政策离他们很遥远。有人认为当局正在试图营造一个良好的对外形象,却忽视了民众的基本生活状况。①

这份报告的看法对波兰社会现状做了相当精准的描述,西方长达数年的制裁所造成的经济恶果并不可能在短期内结束。1987年夏天,一批来自世界银行的经济学家告诉波兰政府,目前他们所面临的问题依然是严重的外债和政府赤字。这实际上表明了国家严重的经济问题并没有随着外交关系的改变而缓解,与1981年相比,经济问题的根源没有发生实质性的改变。

年末,雅鲁泽尔斯基和东德领导人昂纳克会面时不禁哀叹:"西方的制裁虽然取消了,但仅仅意味着每年多了2000万美元……新的贷款不可能获得,事实上的封锁仍在继续。"②

1988年开始,接连不断的罢工再次成为波兰社会的

---

① Report, "A Synthesis of the Internal Situation and the West's Activity," dated August 28, 1987, in Machciewicz, "Poland, 1986 - 1989," 98 - 99. 转引自 Gregory F. Domber, *Empowering Revolution*, p.221.
② Gregory F. Domber, *Empowering Revolution*, p.221.

主要问题。2月1日,政府宣布部分食品和烟酒涨价40％、汽油涨价60％,这一轮涨价中某些商品价格近乎翻倍。很快,工人们上街表达自己的不满,4月22日,华沙东南部一家钢铁厂5000名工人示威游行,要求加薪和获得更多政治自由。三天后,彼得格斯爆发了一场烈度更高的游行,工人们破坏了该市的交通系统,当地政府不得已只能同意工人上涨工资的要求。这个消息很快影响了波兰其他地区的罢工活动,克拉科夫市郊的列宁炼钢厂提出了同样的诉求,并且要求因与团结工会联系而被开除的工人能够复职。5月2日,波兰危机的起点——格但斯克造船厂员工也开始通过罢工声援列宁炼钢厂的工人。[1]

意识到危机严重性的波兰当局很快包围了造船厂。

---

[1] John Tagliabues, "Polish Workers Strike and Win a Raise," *The New York Times*. Apr. 26, 1988: A3; "Steel Strikes Spreading in Poland; Talks with Official Unions Fail," *The New York Times*, Apr. 30, 1988: 1. "Thousands at Gdańsk Shipyard Join Polish Strike," *The New York Times*, 03 May 1988: A1.

当晚,布亚克和库龙再次被捕。瓦文萨在这次事件中平安无事。造船厂工人在政府的软硬兼施下最终放弃了游行,相继离开了厂房。① 政府的强硬手段平息了从年初开始的罢工潮。

不过,美国政府并未如此前那样对波兰国内局势的变化做出激烈的反应。怀特海德虽然谴责了波兰当局的暴力手段,但是表示华盛顿将不会考虑制裁的问题。不过柯克兰德的反应就显然不同,他依然谨慎地看待美波关系的缓和,并始终注意着团结工会的动态。6月中旬,在布鲁塞尔的米尔斯基写信给柯克兰德和自由工会研究所,要求能够提前收到25万美元的季度拨款,用以支持波兰国内工人和运动。同时,出于安全考量,波兰政府也加强了对美国驻波兰外交官的监控。②

这一场景如同戒严令时那般紧张。

---

① John Tagliabue, "Gdańsk Workers End Nine-day Strike: Key Demand Unmet," *The New York Times*, 11 May, 1988: A1.
② Gregory F. Domber, *Empowering Revolution*, p.224.

一、施压与反应

一开始,中情局没有像舒尔茨那样轻信戈尔巴乔夫"新思维"的改变。所以,虽然对团结工会的秘密资助在持续进行,但他们也不敢轻易扩大在东欧地区的活动。

在中情局和国务院组织的几次跨部门会议后,盖茨写信给舒尔茨说:

> 我有一种印象,好像你认为中情局的观点过于僵化,拒绝承认苏联外交上出现了任何变化。因此,我们对当前局势的重要性和苏联的未来产生了误读……的确,在戈尔巴乔夫的灵活性和创造性上,我赞同你的观点。
>
> 但是,从戈尔巴乔夫上台后的表现来看,到目前为止,在根本目标和政策上,他和前任一样保守;在

地区问题及对附庸国的支持上,苏联的立场没有变化……虽然戈尔巴乔夫决心解决国内问题,但目前为止,在国内外的基本问题上,他始终坚持十分保守的观念。

我们目前最重要的任务是尽可能早的确认苏联在内政、外交和军事政策与目标问题上的关键性变化。虽然尚未发现这些迹象,但我们会以开放的心态面对这一问题。①

中情局所期待的戈尔巴乔夫的关键变化很快就到来了。

在 1987 年 5 月举行的华约会议上,戈尔巴乔夫表示:苏联不会对东欧进行军事干涉。1988 年,戈尔巴乔夫在联合国明确保证:"否认一个国家的自主选择权只会颠覆尚不稳定的平衡……自由选择权是普世的原则,毫

---

① Robert M. Gates, *From the Shadow*, p.337.

无例外。"[1]这一承诺终于消解了美国对苏联将因其隐蔽行动而军事干涉波兰的担忧。

于是,中情局重操旧业,大批材料和设备半隐蔽半公开地被送往波兰。在1987年打破了官方对广播电视的垄断后,团结工会凭借着从美国走私的高科技设备在与政府的宣传战逐渐占了上风。1988年初,中情局利用边界检查放松的机会,从匈牙利向波兰和捷克又输送了一批设备。

8月15日,刚刚被当局平息了3个月的罢工潮再次来袭。波兰南部一家矿厂的煤矿工人进行了罢工,他们的政治诉求非常明确:恢复团结工会的合法地位。接下来的几天里,附近的一家煤矿也发生了类似的罢工;再之后是波兰第二大港口什切青。短短一周时间不到,有10个大型工厂被罢工工人占领,另外许多小工厂的罢工活动也如火如荼。相比于5月份的罢工浪潮,这次的罢工

---

[1] Robert M. Gates, *From the Shadow*, pp.423, 450.

潮对波兰政府而言更加危险：煤矿是波兰的主要出口产品，是获取外币的重要来源，煤矿工人的罢工将严重影响中央部署的经济计划；而许多罢工工人是在1980年左右成长起来的，经历了动荡的危机和长期的军事管制，他们的行为比之前的工人们更为激进。[1]

工人运动对政府的影响巨大，甚至左右了波兰当局的决策。统一工人党总结道：1988年夏天的罢工明显比春季的罢工浪潮更为猛烈，而且雅鲁泽尔斯基没有打算通过"紧急状态"来处理这一事件，相反，他认为通过对话与反对派进行协调显然是最好的解决方法。这是一个大胆的选择，也是一个推动局势发展的选择。

10月，中情局借着罢工潮加大了对团结工会的宣传支持，希望能够使躁动不安却暗藏"机遇"的波兰局势得以突破。他们通过西欧的信号站，将第一个卫星电视节目输入波兰，这次技术上的创新与威克大力推动的卫星

---

[1] John Tagliabue, "Thousands Strike Major Coal Mine in Poland," *The New York Times*, Aug. 17, 1988: A5.

信号电视项目密不可分。这个十分钟的电视节目简要地介绍了波兰工人运动的近况。团结工会领导人对此做出了非常积极的评价。到11月时,中情局的情报显示,几乎每一个波兰工厂委员会都能出版自己的新闻通讯,蓬勃发展的工人运动大大提高了出版需求,印刷设备运转几近极限。①

在这些行动中,他们还得到了东欧其他国家反对组织间合作网络的帮助。这个合作网络在 NSDD32 号文件后就已出现,里根在该文件中鼓励采取跨境区域性行动,扩宽了隐蔽行动的合作范围。1986年年中,国家安全委员会收到了一份来自东欧的秘密信件,信中呼吁进行联合行动以抵抗苏联的政治和军事压力。不久,凯西开始重视这个提议,并将2.5万美元交给了信中提到的行动组织,10月份时又寄出了第二笔5万美元现金作为支持。

---

① Robert M. Gates, *From the Shadows*, p.451.

年底,东欧各国庆祝华沙条约组织建立30周年时,来自波兰、匈牙利、东德和捷克的反对派联合发出了一个声明,他们要在东欧联合起来推翻苏联的控制。这封信引起了巨大反响,有百余人在上面签名,其中就包括瓦文萨、哈维尔和康拉德等著名的反对派。①

除了中情局外,其他组织也鼓足马力趁着团结工会在波兰重回人们视线以及其他反对派在波兰乃至整个东欧地区的兴起而加大了资助的金额。

劳联—产联对团结工会的支持始终如一。1988年,从自由工会研究所汇入团结工会的资金超过137万美元,几乎是1987年的3倍。其中100万美元由国会拨款,交由研究所进行管理,协助团结工会宣传、维持日常运营和举行罢工活动。布鲁塞尔办公室得到了其中的37.5万美元,他们用这笔资金在海外进行对团结工会的协调和造势,同时他们也支持东欧民主研究所有关人权

---

① 施魏策尔:《里根政府是怎样搞垮苏联的》,第296—297页。

书籍的出版和翻译工作。①

1988年的许多次罢工背后也不乏劳联—产联的影子。因为劳联—产联和民主捐赠基金会长期对工人个人生活状况的关注和资助，工人们在牺牲一定经济收入的情况下参与到反对派组织的罢工活动中。虽然这些罢工没有成功地达到瘫痪政府机能的目的，但还是迫使政府坐下来与反对派进行谈判。② 从这个角度来说，劳联—产联对罢工的长期秘密支持实现了其基本目的。

多年来，美国一直希望通过对团结工会的隐蔽援助促成政府与团结工会之间的对话。如后来在国家安全委员会主管欧洲事务的罗伯特·哈钦斯（Robert L. Hutchings）所言"在中东欧地区成功的民主转型是美国的外交决策者们最高优先级的目标"。③ 里根在戒严令

---

① Gregory F. Domber, *Empowering Revolution*, p.296.
② Arch Puddington, *Lane Kirkland*, p.225.
③ Robert L. Hutchings, *American Diplomacy and the End of the Cold War*, p.51.

颁布之初的三个要求中已经有两个得到了满足,政府和教会的和解也正在进行,到1988年,只剩下了团结工会和政府的直接对话了。

4月29日,在罢工和游行的躁动中,统一工人党中央委员会讨论了与瓦文萨及其亲信展开对话的可能性。这一倡议最早是盖莱梅克呼吁的,为了能够找到双方谈判的契机,他曾以"反危机条约"来建议政府与反对派展开具有一定共识的谈判。一周后,中央委员会成员切瑞克和乔塞克(Stanislaw Ciosek)会见了一名团结工会顾问维尔勒斯基(Andrzej Wielowieyski)作为对盖莱梅克的回应,他们也希望能够通过会见团结工会成员的方式缓和在格但斯克等地持续进行着的罢工运动。

但是局势并没有因为这次会面而很快好转,党内的强硬派反对拉科夫斯基和雅鲁泽尔斯基等人出现的这种调解思想,有些顽固、性格冲动的全波贸易工会主席苗道维奇就十分不满,他坚定地表示承认团结工会是不可能的，因为这会损害政府支持的全波贸易工会的地位。

谈判似乎从一开始就陷入了僵局。不过很快，教会的介入推动了这一进程。乔塞克在一次与当时主管天主教出版业务的奥尔祖力克（Alojszy Orszulik）神父的谈话中提到政治局正在打算创建另一个参议院，以允许反对派参与到国家立法机构和政治活动中。他认为波兰的政治多元化是必要的。6月14日，政府发言人乌尔班表示"政府在考虑以圆桌会议形式召开政治谈判的可能性，这个会议将会广泛地涉及现有代表"。他的发言实际上暗示了团结工会在其中的地位。不过此时，统一工人党内部的分歧也随着国内经济危机、政治妥协和社会矛盾的一并爆发而显露出来。

在波兰国内政治陷于争吵与内耗之时，戈尔巴乔夫的及时出现影响深远。7月11日到15日，他趁着参加华沙条约政治协调委员会的间隙多次会见了统一工人党政治局成员，并且两次私下找到雅鲁泽尔斯基讨论波兰局势。在气氛稍显宽松的私人会议上，这两位或多或少对斯大林都心怀不满的元首一同讨论了一些"敏感的历史问题",比如卡廷惨案、莫洛托夫-里宾特洛甫条约以及波兰人被放逐到西伯利亚等问题。不过,他们更多的时间用在了谈论国内局势走向和苏波两国政治变化上,其间戈尔巴乔夫提到他打算建立一个更具代表性的民选议会,这实际上表现了他与雅鲁泽尔斯基想法上的一致。

戈尔巴乔夫的来访为雅鲁泽尔斯基的设想提供了巨大的支持。他对社会调节与改革的支持也打击了波兰党内反对雅鲁泽尔斯基的观点。

在获得了苏联的支持后,波兰很快开始试探美国的看法。

不久,奥热绍夫斯基担任波兰驻美大使。7月底,他前往华盛顿并希望能向美国政府解释波兰国内最近的政治变化。波兰外交部深知这是一个重要的机会,如果能够抓住,那么就可以通过美国对自由化政策的鼓励而促进国内的经济状况。然而,奥热绍夫斯基得到的回应却并不如美国人此前承诺的那样热情,在五天的会见中,美国所传递给波兰的信息非常清楚:虽然波兰国内的变化有利于改善两国关系,但美国政府依然选择静观其变。

舒尔茨和怀特海德批评了美国政府冷淡的态度,他们认为美国应当采取措施推动波兰政府的自由化和政治多元化的努力。他们希望美国能够展现出一些善意的姿态,比如为波兰争取在国际货币基金组织获得贷款的可能,甚至让美国私人企业扩大与波兰相关产业的合作。总体上,奥热绍夫斯基给波兰政府的报告中还是体现了对未来发展的乐观态度。[①]

美国的表态推动了波兰当局组建圆桌会议的决定。尤其是怀特海德在给奥热绍夫斯基的信件中向统一工人党政府进行了施压,以美国的经济援助诱使其进一步加速民族和解进程。怀特海德在信中说"胁迫可能疏远很多波兰民众,甚至会让美国疏远其他西方政府、国际机构和私人企业代表,它们的支持对于重建波兰经济是十分

---

① Gregory F. Domber, *Empowering Revolution*, p.225.

重要的"。

波兰政府在此后便将与瓦文萨及团结工会的直接对话和获取西方经济援助挂钩。就这一想法,雅鲁泽尔斯基在统一工人党中央的讨论中说道:

> 对话和圆桌会议的先期准备能够让我们获得政治上的主动并削弱我们的政治对手和来自西方国家的批评。对话给我们的帮助是正面的……瓦文萨只是西方对波兰政策的棋子;他已经获得了国际名望。因此,和他进行对话能够减少西方在宣传战上的威胁。[1]

可以看出国内严峻的经济情况、政权合法性的不稳定和来自国际上的政治压力迫使雅鲁泽尔斯基及其同僚

---

[1] "Poland 1986 – 1989: The End of the System," in Miedzeszyn-Warsaw, Poland, October 20 – 24, 1999.转引自 Gregory F. Domber, *Empowering Revolution*, p.354.

们不得不采取积极的对话步骤。

奥热绍夫斯基报告发回后不到一个月,内务部长基什查克(Czesław Kiszczak)在电视上宣布他愿意与来自不同社会团体和工人群体的代表们对话,讨论组建圆桌会议的可能性。8月28日,政治局开会继续讨论推进政治多元化进程,并且开始正式考虑以团结工会合法化为谈判筹码与瓦文萨进行谈判。

据团结工会领导人之一帕奇科夫斯基(Andrzej Paczkowski)回忆:当时的团结工会并没有夺权的打算。和当局一样,他们最大的担忧是不断恶化的经济状况和不安的社会环境,日益躁动的情况可能导致当局的保守派出现过激反应,同时,他们担心莫斯科的立场也会因此发生变化。[①] 以瓦文萨为首的团结工会调解派的考虑也成为走向圆桌会议的关键。

两天后,在"格但斯克协议"签署八周年纪念日这天,

[①] Andrzej Paczkowski, *The Spring Will Be Ours*, p.469.

在乔塞克和达布罗夫斯基主教的陪同下,基什查克终于与瓦文萨会面了。基什查克要求在圆桌会议开始前,应当停止所有罢工活动。他也向瓦文萨告知了参议院的组建和议会选举的安排。瓦文萨认为工会的多元化是政治多元化的核心,也同意冒着风险尝试说服其他组织停止罢工运动、回到工作上去。

这次谈话进行得颇为顺利,关注此事的戴维斯大使回忆:"我们赞成这样的行为。基什查克和瓦文萨的会面结果是惊人的。显然事情正在向正确的方向上发展。"戴维斯认为,波兰的局势发展得如此顺利,以至于无须美国插手。他不再积极参加与反对派的交际及其他社会活动,而是开始满怀信心地静观波兰人自己的选择:"我们不会尝试告诉瓦文萨如何去做,团结工会的领导人在与政府的协商和谈判上很有经验,他们知道他们想做什么。同时国务院表明不会给团结工会任何建议和指导。"[①]

---

① Paweł Machcewicz, *Poland's War on Radio Free Europe*, 1950 – 1989, p.370.

他的看法实际上也代表了美国决策者们的普遍想法,他们认为他们的主要任务只是告诉当局去与反对派进行谈判。而此时,这个任务已经基本完成了,没有再进行干涉的必要了。美国人的这种想事实上一直持续到了1989年6月。①

实际上,在美国国内,对于代号 QRHELPFUL 的隐蔽行动的争论一直没有停止。早在1985年美国国会通过《赤字控制法案》(Gramm-Rudman-Hollings Deficit Reduction Act of 1985)时,隐蔽行动的预算就已经受到了一定影响。而到了1986年美波关系开始松动、波兰政治气氛逐渐解冻之后,质疑对波隐蔽行动的声音变得愈发强烈:许多国会议员认为,既然随着东欧局势的变化,团结工会的活动逐渐从地下转为公开,而美国政府和民间团体现在也能够通过越来越多的公开方式为团结工会

---

① Gregory F. Domber, "Solidarity's Coming Victory: Big or Too Big," National Security Archive Electronic Briefing Book No. 42, available at: http://nsarchive.gwu.edu/NSAEBB/NSAEBB42/

提供支持,那么中情局主导的隐蔽行动似乎已经没有必要了。

但是,参与该行动的官员们自然不愿隐蔽行动止步于此。约翰·戴维斯和中情局分管欧洲事务的几位官员反驳到:现在停止针对波兰政府的隐蔽行动还不是时候,因为团结工会目前尚未脱离险境。与政府对抗的局势会随着之后可能的选举的到来而更加紧张,因此继续施行隐蔽行动的支持能够确保现有的成果不付之东流。

不过,出于预算削减的压力,中情局不得不在1987年叫停了墨西哥城的工作站并终止了与线人布罗达的合作。不久之后,深陷伊朗门的凯西因脑瘤去世,中情局和QRHELPFUL行动失去了一位强有力的领导。

至此,这项从1982年开始的、由中情局主导的隐蔽行动随着团结工会活动的公开化而开始减弱。除了由民主捐赠基金会和劳联—产联负责的资金还在源源不断地送入波兰外,由于罢工的停止和团结工会活动的公开化,中情局也无须再对波兰国内的罢工进行指导。无线广播和电视领域的宣传战的频率也从1987年开始逐渐降低。对于美国领导人们来说,政治压力和经济威胁成为现阶段的主要工具。

1988年9月4日,波兰境内所有罢工全部停止,时隔7年之后团结工会和政府终于坐下来进行正式的谈判。

二、僵局与转机

在瓦文萨和基什查克会见几周后,政府决定在华沙附近的小城马格达伦卡(Magdalenka)进行圆桌会议的预备谈判。基什查克和乔塞克带领的政府代表和瓦文萨与其顾问、《团结工会周刊》主编马佐维耶茨基(Tadeusz Mazowiecki)率领的反对派代表就圆桌会议的形式和未来双方在政府中的权力范围进行了首次正式的谈判。

然而,会议一开始就碰到了挫折。如同1981年11

月那次无疾而终的谈判一样,两边发现双方的立场并没有如此前预想的那样乐观。基什查克劈头盖脸地阐明了政府协调的主要目的:经济改革。他认为圆桌会议的目的是为了对当前的经济危机采取行动并力图最终改变经济模式,保证改革可以达到经济平衡、解决外债问题。基什查克的开场白只字未提政治改革和联合政府的计划。他们只想让反对派同意经济改革的迫切性并支持政府的改革工作。

瓦文萨同意基什查克所说的经济危机的严峻性和解决危机的必要性,他也表示团结工会成员会帮助政府处理经济问题。但他对基什查克忽略政治问题很不满:"对我们而言,最关键的问题是政治多元化和团结工会的合法化。这是之前罢工的首要政治要求。"这也是团结工会设想的圆桌会议的前提条件。实际上,瓦文萨的观点并没有让政府感到惊讶,在1988年初,盖莱梅克就已经很明确地向政府提出了团结工会的这一立场。

就在马格达伦卡的谈判步履维艰时,旅居英国的团结工会发言人奥尼斯维奇（Janusz Onyszkiewicz）秘密前往美国会见了戴维斯。9月7日，他又同里根进行了简短的对话，奥尼斯维奇希望里根能够保持对雅鲁泽尔斯基的政治压力。不仅如此，考虑到临近大选，美国可能在新总统上任后改变外交政策，因此他还同布什和民主党总统候选人迈克尔·杜卡基斯（Michael Dukakis）见面，他向两位候选人提及了波兰国内现在亟须大规模的经济援助，他建议如果波兰当局将团结工会合法化，那么希望美国能够提供一笔高达100亿美元的资金支持。之后在国会听证会上，他再次强调了团结工会合法化对于圆桌会议准备阶段协商的重要性，同时他也表示团结工会对目前雅鲁泽尔斯基的真实意图还不清楚，希望美国继续对他施加压力，使其能够下定决心、拿出诚意和团结工会进行谈判。①

这次美国之行，奥尼斯维奇给华盛顿带去了两个重

---

① Gregory F. Domber, *Empowering Revolution*, p.228-229.

要信号:其一是让美国意识到虽然持续多年的隐蔽行动已经让团结工会能够与当局进行谈判,但这远远不够。事态进一步的推进依然需要美国的政治压力和经济诱惑。其二是雅鲁泽尔斯基态度起伏不定,波兰党内的斗争依然激烈,即将到来的统一工人党第十次全党大会很可能爆发党内改革派和保守派之间的冲突,也将决定波兰当局未来对待团结工会和政治改革的基本态度。因此美国人应当考虑如何使他走向"正确的道路"。

10月12日,怀特海德启程前往华沙希望美国的表态能够推动会议和局势的改变。在与奥热绍夫斯基的谈话中,他再次拾起了"小步骤框架"这个屡试不爽的法宝,表示这一框架在双边关系走向新阶段的过程中依然是必要的。之后,他开始说服雅鲁泽尔斯基。在波兰档案的记载中,怀特海德给犹豫不决的波兰领导人留下了一个印象:美国愿意帮助波兰,他们在多次罢工中都保持了颇为克制的立场,甚至支持当局的行动……他想加速改善美波关系。美国准备适当地对波兰的改革提供经济支持,美国不想干预波兰的国内事务,而只是希望一定的帮助。怀特海德更进一步地为雅鲁泽尔斯基构想了如果他们与团结工会直接对话将获得的具体经济支持,包括1989财年70万美元的科技交流拨款,同意巴黎俱乐部重估波兰债务,提供购买农产品的贷款,建立一个可以流通兹罗提的慈善基金,扩大海外私人投资公司(Overseas Private Investment Corporation, OPIC)的投资保证,让国会同意扩大美国进出口银行的贷款和利用美国的"特殊影响"推动波兰在国际货币基金组织、世界银行和巴黎俱乐部中的项目等等。

经济上的诱惑和政治上的压力是同时进行的,美国的"胡萝卜"许给雅鲁泽尔斯基以一个美好的未来,而英国人则在此时扮演了"黑脸"的角色。11月2日到4日,撒切尔来访波兰,她在华沙和格但斯克会见了政府和反对派领导人。她没有提及经济援助的问题,只是敦促政府要推动与团结工会的对话。她对雅鲁泽尔斯基说:最好的政体是让人民自己去选择,正确的道路就是同团结工会谈判。同时,她也向政府领导人提到团结工会合法化的必要性。在与政府领导的见面中,撒切尔毫不隐瞒自己对统一工人党行为的失望和强硬态度。

而在格但斯克与团结工会成员见面时,她却完全换了一副面孔。当天,超过5000名当地民众欢呼撒切尔的到来。她同瓦文萨等人共进午餐时,数千名反对派支持者在餐厅外唱着爱国歌曲并大喊政治口号。在与华沙迥然不同的热烈气氛中,撒切尔在格但斯克强调了民主化和私有产权的重要性。最后,她对瓦文萨鼓励道:没有什么能够阻止你们。之后,她又同教会代表和其他反对派代表在勃里吉达教堂进行了交谈。[1]

撒切尔的来访让波兰民众欣喜不已,尽管官方媒体在播报时刻意略微提及了她与瓦文萨的会面并忽略了格但斯克民众欢呼的画面,但她的来访还是大大提升了瓦

---

[1] Jackson Diehl, "Poles Cheer Thatcher During Visit to Gdansk," *The Washington Post*, 05 Nov 1988: A14; Neal Ascherson, "Thatcher through the looking glass: Poland", *The Observer*, Nov. 6, 1988: 27.

文萨的威望并推动了波兰政府继续谈判,也加速了政治和经济领域的深化改革进程。[1]

美国和英国的合作推进了统一工人党接受团结工会的过程,美国长期拒绝提供实质性的经济援助,但怀特海德在10月份给予雅鲁泽尔斯基的承诺却无比动人。无论这种夸大其词的承诺是否出于怀特海德本意,他的言辞的确是让雅鲁泽尔斯基下定决心的关键。

除了外部的压力和政治说服,当时的统一工人党在舆论战线上的节节败退催促雅鲁泽尔斯基不得不去认真思考统一工人党统治地位和波兰政治体制的革新。

10月28日由拉科夫斯基主持的第一次外国记者招待会上,他向国际媒体说明了圆桌会议的设想。但他"万万没想到这一谈话被反对派看成是政府不想举行圆桌会议的证据"。库龙在接受"自由欧洲"电台采访时将拉科夫斯基设想的框架解读为"埋葬圆桌会议的思想"。而两

---

[1] Lech Wałęsa, The *Struggle and the Triumph* (New York: Arcade Publishing, 1994), pp.169–171.

天后，政府出于经济考虑决定将团结工会的诞生地——格但斯克的列宁造船厂撤销，这一决定在国内外引起了轰动。尽管政府始终坚持是因为造船厂的长期亏损让政府不得不从经济角度出发考虑关停，但团结工会一口咬定波兰政府是想抹除这个独立运动的象征。瓦文萨认为"政府的决定并不是出于经济原因，这一决定是政治挑衅，它表明政府反对圆桌会议和协议精神。"[1]美国和西欧的报纸连篇累牍地报道此事，却根本不向民众解释波兰政府的理由和具体安排，着力宣传这次撤销造船厂后面的政治象征——故意打击团结工会的摇篮。11月9日，《华盛顿邮报》发表了一篇名为《波兰的政治小偷》的文章。文中讽刺地提道："拉科夫斯基总理在同团结工会竞赛时有这样一种设想'你们要改革吗？那你们马上将经历改革，于是他把这个受诅咒的工会的道义支柱和瓦文萨的工作单位——格但斯克造船厂关闭了。'"虽然这

---

[1] John Tagliabue, "Poland Announces December Closing Of Lenin Shipyard," *The New York Times*, Nov. 01, 1988: A1.

件事与教会并没有关系,但保罗二世也还是向造船厂的工人发表了公开演说,声援工人。同时教会的其他主教则指责政府在关闭造船厂前没有咨询工人的意见。①

11月30日,苗道维奇在没有与政治局其他成员商议的情况下和瓦文萨进行了一场电视辩论。苗道维奇本想在公众面前驳斥瓦文萨的种种政治要求,没想到后者却抓住这个机会坚定地捍卫了团结工会的立场,并且在辩论中占据了上风。这是瓦文萨第一次在官方媒体上向波兰普通民众阐述自己的政治要求和团结工会的理念,他表现得像一个老练而善辩的政治家,颠覆了官方宣传长期以来对其形象的抹黑和理念的歪曲。这次辩论之后,瓦文萨开始正式走入波兰的政治生活,官方的一次调查显示73%的民众希望团结工会能够重新合法化。②

12月,瓦文萨受邀到巴黎参加诺贝尔奖的获奖者大

---

① 拉科夫斯基:《波兰剧变是怎样发生的》,第196—200页。
② Lech Wałęsa, *The Struggle and the Triumph*, pp. 169-171.拉科夫斯基:《波兰剧变是怎样发生的》,第218页。

会和《联合国人权宣言》签署40周年纪念日,这是瓦文萨在戒严令之后第一次出国,同行的还有来自苏联的萨哈罗夫和担任瓦文萨翻译的盖莱梅克。12月10日,分别来自波兰和苏联的两位著名的反对派在酒店里进行了长时间的私人对话,瓦文萨后来对记者说他们主要探讨了各自国家的人权状况并表示有朝一日希望能与萨哈罗夫共事。之后,瓦文萨又同刚刚在布拉格高度赞扬了"布拉格之春"的密特朗、巴黎工会主席和来自罗马的天主教会代表进行了会谈,并频繁接受西方媒体的采访,敦促波兰当局进行改革和妥协,阐述自己的理念和设想。①

1988年12月20—21日和1989年1月16—17日,波兰统一工人党召开了第十次全党大会,改革派们纷纷被调至重要岗位。同时,摇摆了数月的雅鲁泽尔斯基也

---

① Robin Smyth, "Paris embraces Walesa," *The Observer*, Dec. 11, 1988: 23; Edward Cody, "Sakharov, Walesa Fly: Activists to Honor 1948 Rights Charter Sakharov, Walesa In France," *The Washington Post*, Dec. 10, 1988: A17.

终于做出了将团结工会合法化和正式进行圆桌会议的决定,并寻找最有能力的谈判人与团结工会进行谈判。面对党内保守派的反对,雅鲁泽尔斯基甚至宣布进行对由自己领导的改革派主导下的政府投信任票以平息党内争论。最终178名委员中只有32名投了反对票。雅鲁泽尔斯基赢得了关于是否同意团结工会合法化的争论。

在党大会结束10天后的1989年1月27日,统一工人党和团结工会等反对派再一次就马格达伦卡中夭折的框架进行了讨论,着重强调了几个此前一直没有形成共识的问题:团结工会的合法化、选举的规模和未来议会的议席分配等等。

2月6日,圆桌会议最终在华沙内阁的办公大楼进行,34年前决定了冷战军事格局的《华沙条约》就在此签署。这次,总共56名代表参加了会议,其中包括20名反对派代表、14名政府代表、6名全波工会代表、14名享有很高社会地位的独立个人代表和2名教会代表。

持续了近10年的波兰危机终于进入了最后阶段。

VII

第七章

最后的选举

虽然在1988年后很少干预波兰国内的政治进程,但其国内形势发展的每一步都在美国人关注范围内,无论是怀特海德去波兰用可观的经济援助允诺说服雅鲁泽尔斯基召开圆桌会议还是通过国际舆论给波兰政府压力,都体现了美国对波兰问题的重视。

从1988年雅鲁泽尔斯基在党内获得胜利、决定正式开启谈判开始,美国政客一扫此前的担忧,普遍认为波兰局势将会向好的方面发展。戴维斯认为这是一个鼓舞人心的消息。而刚刚上任不久的斯考克罗夫特则将雅鲁泽尔斯基在党大会上的表现称为一个"能够带领波兰走向自由化的非凡的转折"。他也认为圆桌会议是值得鼓励的、符合美国利益的,并且暗示了美国可以利用圆桌会议。①

在1989年的头四个月里,布什、斯考克罗夫特和贝克等人实际上依然在怀疑戈尔巴乔夫改革的诚意,后者

---

① 乔治·布什、布伦特·斯考克罗夫特等:《重组的世界》,第40页。

甚至怀疑"戈尔巴乔夫是尝试用温柔之刀致美国于死地"。他们担心这位喜欢在公共场合用小伎俩获得掌声的领导人只是将他的话语当作缓解超级大国间冲突的工具。斯考克罗夫特不无谨慎地认为此前美国所认为苏联发生的根本性变革或许是一个错误,美国对此应当保持谨慎。① 在布什看来,戈尔巴乔夫的真实意图尽管难以确定,但美国却可以利用他。在他眼中,所谓"新思维"只是一个空的容器,西方的政策和态度将会是它重要的补充,美国政府应当根据自身的利益将"新思维"带入合适的方向。而在这个看似无所不包的"新思维"中,东欧问题是核心,是测试戈尔巴乔夫的理念是否有效的关键,也是冷战的根源。②

因此,美国人希望能将东欧作为突破口,将波兰视为"自由化"的领头羊。

---

① 乔治·布什、布伦特·斯考克罗夫特等:《重组的世界》,第4—15页。
② Robert L. Hutchings, *American Diplomacy and the End of the Cold War*, pp.34 - 36.

决心虽定,美国人对波兰的反应却摇摆不定。戴维斯在美国大使馆为华盛顿提供了许多详细准确的报告,以使华盛顿能够及时了解波云诡谲的波兰局势发展。不同的是,戴维斯不再像此前那样积极与反对派成员会晤或给他们提供任何信息上的便利,他只是如实直书,然后慢慢等待形势的变化。美国国内也是如此,虽然消息灵通的他们毫无疑问地对统一工人党的选择和圆桌会议的举行报以支持,并认识到了可以利用这一会议的可能,但实际上,美国对圆桌会议的进程、结果乃至团结工会的种种需求都反应迟钝,全然没有此前给团结工会援助那般慷慨,也没有怀特海德在半年前给雅鲁泽尔斯基承诺的那样大方。

究其原因可以归结为两点:一是1989年初美国政府刚刚完成换届,虽然与里根同属共和党并为之效力多年,但布什政府并没有全盘继承里根时期的外交政策。布什与里根在外交风格、决策模式和一些具体议题上的看法完全不同。对于东欧局势,布什政府花费了近3个月时间才出台了第一份相关战略文件,对局势变化的响应也不够敏锐。二是里根政府在财政上的大量支出导致美国在80年代末陷入了财政紧张的危机中,布什政府已经不能像里根时期那样进行大规模的海外援助或耗费巨资进行隐蔽行动,这从国会对团结工会多次资金要求的表现冷淡和对波兰经济援助的食言中就可见一斑。如斯考克罗夫特坦言:"美国不再能支付一切了。"[1]

一、里根时代的遗产

如果说里根从卡特那接手的是一个被铁幕牢牢分隔开、表面上稳定沉寂的世界的话,那么布什所面对的就是一个铁幕将破、暗流涌动的变化中的世界。团结工会的

---

[1] Christopher Maynard, *Out of the Shadow: George H. W. Bush and the End of the Cold War* (Austin: University of Texas Press 2008), p.46.

步步紧逼推动冷战格局发生了根本性的改变,它在1981年的运动佐证了苏联是东欧共产党政权的唯一支持。而此时,革命是否会到来已经不再是一个需要争论的问题,问题在于它导致的是崩溃还是自由。1988年末,两件事情促使了事态的发展:其一是戈尔巴乔夫在1988年12月联合国大会的发言,他承诺苏联从东欧撤军,这一行为触及欧洲冷战格局的根本;其二是波兰圆桌会议,开启了冷战结束的大门。[①]

上台伊始,布什就清楚地意识到美国所面对的是"华约内部变化与机遇并存"的局势,简单继承前任的外交政策明显难以应对当前的动荡局势。时任国家安全顾问斯考克罗夫特也强调,这是一个新的不同的政府,我们处于一个迅速变化的东西方冲突淡化的时期,需要这个机会来决定我们的政策方向,而不只是简单地接受前任政府

---

① Robert L. Hutchings, *American Diplomacy and the End of the Cold War*, p.8.

的政策。①

罗伯特·哈钦斯回忆道：布什几乎清除了国家安全委员会内全部里根时期的官员，他把一个全新的团队带了进来。尤其在东欧事务上，劳苦功高的怀特海德被伊格尔伯格接替。巨大的转变让哈钦斯不禁感叹："这并不是一个'里根-布什'外交政策。1989年之前的外交政策是里根的外交政策；之后则是布什的……1989年布什的外交政策转变就像从卡特到里根的转变一样剧烈。"②

同时，和里根热衷于在公开场合表现却无意参与具体的决策过程不同，有着丰富外交经验的布什更喜欢亲自参与到外交政策的制定和决策中，他喜欢通过轻松随意的"核心小组"的形式进行政策的设计，这个小组里都是些有着多年相关事务经验的老道专家，除了他和斯考克罗夫特外，还包括国务卿贝克（James Addison Baker）、

---

① 乔治·布什、布伦特·斯考克罗夫特等：《重组的世界》，第40页。
② Robert L. Hutchings, *American Diplomacy and the End of the Cold War*, p.6.

中情局局长盖茨、国防部长切尼（Richard Bruce Cheney）和助理国务卿伊格尔伯格等人。① 布什认为："我希望外交政策的主要制定者们都知道我自己会参与到外交政策制定的细节中来。"② 同时，布什也对国家安全委员会进行了整改，和里根时期充满分歧、矛盾和猜疑的国家安全委员会相比，布什管理下的委员会更为团结和自信，他也十分看重委员会在制定外交政策中的重要作用。不过与核心小组的形式相比，由于担心内容被泄露，国家安全委员会的讨论会并不允许到场人员直率地表达自己的观点。③

布什很快就试图展现出自己和里根的区别。

1月30日，刚刚上台的布什就迅速通过了第1号国家安全指令《国家安全委员会的组织系统》（NSD1），文件

---

① 乔治·布什、布伦特·斯考克罗夫特等：《重组的世界》，第48页。
② George H.W. Bush, Brent Scowcroft, *A World Transformed* (New York: Vintage, 1999), p.17.
③ Christopher Maynard, *Out of the Shadow*, pp.16 - 17. 乔治·布什等：《重组的世界》，第45页。

取代了所有先前涉及国家安全委员会组织系统的总统指令,废除了里根时期颇具影响的"国家安全规划组"(National Security Planning Group)和作为其辅助机构的"计划与协调组"(Planning and Coordination Group),并建立了国家安全委员会首长委员会(NSC/PC)和副手委员会(NSC/DC)分别作为考虑政策议程和审查政策实施的高级别跨部门会议;还设立了政策协调委员会(NSC/PCC)以确认和推动政策议题,并让其承担起了执行国家安全战略的主要角色。[1] 这一调整加强了总统对外交活动的参与程度,并使跨部门会议成为协商行动部署的主要平台。

3月初,布什的东欧政策终于有了雏形。3月14日国家安全评估文件(National Security Review)《美国与苏联关系综合评估》(NSR3)被放到总统办公桌上。

---

[1] U.S. National Security Strategy, National Security Directives Number 1: Organization of the National Security Council System, Jan. 30, 1989, https://fas.org/irp/offdocs/nsd/nsd1.pdf.

NSR3 号文件肯定了战后美国对苏总体政策,并指出苏联国内的改革对美国而言是鼓励苏联进一步往积极方面发展的机会。该文件还旨在要求对苏联内部的反对力量和其对外部变动的容忍度进行考察。[①] 然而这份文件却让当时备受媒体指责对东欧问题反应迟缓的布什大失所望。斯考克罗夫特批评这个政策评估的主要问题是缺乏详细和实质性的内容,缺少特别的和富有想象力的创见,它总体上是一种"粗线条"的描述。[②] 而布什对这份文件不满意的地方有两个:其一是评估所建议的途径。布什和他的"核心小组"想要一个能够对付在东欧出现的全面变化的政策,并且想通过这份报告向国会、媒体、官僚和公众发出一个信号:到了对旧的政策假设进行重新评估

[①] U.S. National Security Strategy, National Security Review Number 3: Comprehensive Review of U.S.-Soviet European Relations, Feb. 15, 1989, https://bush41library.tamu.edu/files/nsr/nsr3.pdf.

[②] 乔治·布什、布伦特·斯考克罗夫特等:《重组的世界》,第 43 页。

的时候了。① 这份缺乏创见的文件仅仅明确了通过经济、科技及其他资源诱使苏联和东欧盟国进行政治改革、实现自由化的可能。

而在3月30日出台的《美国与东欧关系综合评估》(NSR4)更为直接地表示东欧局势的变化是二战后前所未有的,除了再次重申美国应当继续以区别对待推进东欧改革进程和应当清晰认识到能够发挥影响的政策手段外,NSR4号文件特别强调了美国应当注意东欧国家,尤其是波兰的社会不稳定性,并要将如何在社会多元化、大众参与和潜在的社会动荡之间寻求平衡纳入政策权衡中。② 这两份文件的制定和颁布标志着美国对波政策从"促变"逐步转为"求稳",也是预示着80年代末美国政府

---

① James A. Baker, Thomas M. DeFrank, *The Politics of Diplomacy: Revolution, War and Peace, 1989-1992* (New York: G.P. Putnam's Sons,1995), p.68.
② National Security Strategy, National Security Review Number 4: Comprehensive Review of U.S.-East European Relations, Feb.15, 1989, https://bush41library.tamu.edu/files/nsr/nsr4.pdf.

将准备收缩对波隐蔽行动。

不过尽管布什一直想表现出自己的外交特点,他却不得不面对里根留下的对东欧的庞大战略遗产,无论这些政策框架和战略部署是否真的是里根所精心布局的大战略。

布什首先要面对的最大挑战就是美国对东欧沿用多年的区分政策。

里根时期,区分政策成为其对波兰格外看重并以隐蔽行动、政治诱降、经济制裁等手段软硬兼施的政策基础。到布什时期,随着苏联和波兰等东欧国家相继在国家的基本制度上进行了调整,这一政策也需要进行改变,带有浓重反苏立场的区分政策不再适应布什的新的外交理念。

里根时期的区分政策强调的是东欧国家在外交政策上与苏联立场的差异,越在外交政策上显得与苏联格格不入、脱离其控制的独立性越强,这个国家在美国区分政策中的优先级就越高、获得的奖赏也越多。当时制定这个区分标准时,主要考虑的是对苏联的遏制和对苏东国家的拉拢,并没有过多重视意识形态和政治自由化的进展。所以如罗马尼亚这样的独裁国家在当时能够获得比波兰更多的美国人的关注。对于波兰国内的反对派来说,由于吸取了 1956 年波匈事件和 1968 年"布拉格之春"的教训,他们始终只在国内事务上与当局作对,从不敢在外交事务上与苏联叫板也从未将外交政策纳入自己的政治要求中。[①] 不过现在,布什如果要以波兰作为"自由化的领头羊"从而推动东欧乃至冷战格局的变化,就必须将自由化程度作为衡量区分政策的标准,经济援助的承诺应当以政治上的自由和多元为目的。[②]

和波兰人打了多年交道的戴维斯也支持用经济手段打开波兰的政治改革大门,圆桌会议协议签订前一个月,他说:"(圆桌会议)将是我们所追求了 40 年的历史性突

---

① G. F. Domber, "Ending the Cold War, Unintentionally," *Quarterly Journal of Experimental Physiology*, Vol. 23, 2012, pp.287-304.
② 乔治·布什、布伦特·斯考克罗夫特等:《重组的世界》,第 56 页。

破,它的成功或失败不仅仅影响着东欧,更影响了苏联的未来。"戴维斯建议美国和西方债权国协调一致地对波兰的自由化做出反应,"如果没有显著的恢复经济增长和西方对波兰事务的参与,那么波兰国内将不会诞生得到大多数波兰人支持和积极参与的协议"。为此,戴维斯尤其建议为波兰人减轻外债之苦,他推荐由巴黎俱乐部对波兰的380亿美元外债进行减免。债权国将从波兰国家出口中获得一定比例的收入(15%左右),这样西方政府也能支持波兰购买他们国家的产品,既减轻了波兰的债务负担,也为其提供了引进西方技术和产品的机会。戴维斯甚至还通过进一步的政策改变来促进波兰局势演变,比如推动 IMF 贷款新标准、扩大 OPIC 的覆盖面、安排总统访问甚至计划将瓦文萨和拉科夫斯基同时邀请到美国对话等等。[①] 戴维斯的提议十分大胆,他建议给波兰政府

---

① Cable from Embassy Warsaw to Sec. State,"When the Round Table Ends: The U.S. Response,"March 7,1989,NSA,End of the Cold War,Poland 1989 Cables.

和反对派以正向回馈,以此保证波兰政治转变的成功。

绝大多数政府官员都同意区分政策应当进行修改,不过在如何具体操作上各部门的观点却不一致。在一次跨部门会议上,国务院和国家安全委员会主张通过经济回报来鼓励政治上的自由化。然而中情局官员却不认同这个看法,强硬地认为对这些在1981年宣布了戒严令的共产党人进行经济回报是一种投降。中情局固执地强调"就算圆桌会议成功了,也不会从根本上改变波兰的权力结构:统一工人党依然会控制核心的权力部门"。[1] 中情局的这个观点很快被推翻。虽然不同意中情局过于保守的意见,但财政部在这个问题上的立场和国务院、国安委也略有不同,他们消极地认为波兰并不会建立一个更为有效的市场经济结构,美国对它的经济援助很可能会打水漂。[2]

---

[1] Gregory F. Domber, "Supporting the Revolution," p.400.
[2] Robert L. Hutchings, *American Diplomacy and the End of the Cold War*, p.37.

争论的结果是跨部门会议撰写了一份报告,建议对波兰的自由化采取"有限度"的经济奖赏。这份报告暗示了布什对东欧政策的克制、谨慎的基本主线。3月28日,贝克在接受《纽约时报》采访时,援引了基辛格此前给布什的建议,强调了布什政府会小心地寻求与苏联的共识和在东欧的目标。对于波兰和匈牙利国内发生的变化,贝克谈到了他与两国外长在维也纳的会面并对局势的发展保持乐观态度。但他在最后也说:"波兰和匈牙利正走在正确的方向上,为什么不让这一进程继续保持一段时间呢?"[1]贝克显然将重心更多地放在了与苏联在东欧驻军问题的谈判上,至于波兰国内的变化,他始终持谨慎的态度,希望美国与之保持距离。

4月4日,布什召开了一次国家安全委员会全体会议专门讨论波兰局势和国家安全评估文件,其主要议题

---

[1] Thomas L. Friedman, "Baker, Outlining World View, Assesses Plan for Soviet Bloc: Baker Details Ideas Weighed in Policy Review," *The New York Times*, Mar. 28, 1989: A1.

正是之前争论不休的"美国是否应当在波兰当局尚未进行重大经济改革的情况下给波兰的政治自由化进程提供经济援助"。商务部依然因为担心援助无法被有效利用反对提供经济援助。而国家安全委员会和国务院官员则与商务部的看法相反,他们声称"政治开放必须先于经济改革,美国的经济援助会促进波兰的政治改革进程,然后才考虑经济制度改革的问题"。布什和贝克显然更加倾向于后一种看法。布什认为"尽管东欧的经济条件非常糟糕,援助的作用可能是有限的,但我们必须尝试"。①

总之,从1989年1月到4月,新上任的布什继承了里根时期区分政策的基本框架,但在此基础上也进行了适应波兰自身局势发展和美国实力相对衰弱的调整。整个春天,波兰的圆桌会议和布什的东欧政策成为媒体关注的对象,他们等不及想知道这两件紧密相关的大事的结果。同时,媒体和政界也都在批评布什对东欧变化的

---

① George H.W. Bush, Brent Scowcroft, *A World Transformed*, p.49.

反应过于迟钝,既没有理念也没有战略。不过布什也为自己辩解他们在等待一个合适的时机,他一方面意识到了如果美国的政策过于保守、不够敏锐,那么很可能丧失在东欧问题上的主动权;[1]而另一方面,长期处于苏联保护伞下的东欧国家在过渡时期政局的不可预测性和美国援助能力的衰弱又制约了布什在外交选择上的范围。此外,对于波兰事务,布什不同于里根充满意识形态狂热地加以干预,他有着更为务实的人权观念和外交理念。所以,美国无论是对波隐蔽行动还是对团结工会的支持都在布什上任后迅速减少。

二、布什的徘徊不定

仅仅在布什召开国家安全委员会讨论波兰问题一天之后,4月5日,圆桌会议协议在波兰签署。会议双方通

---

[1] 乔治·布什、布伦特·斯考克罗夫特等:《重组的世界》,第45页。

过了三个文件:《关于工会多元化问题的立场》《关于社会和经济政策及体制改革问题的立场》和《关于政治体制改革问题的立场》。这是一个解决波兰民主改革进程中所存在问题的一揽子方案,其中包括:团结工会将在重新登记后合法化;团结工会保证"遵守宪法,不成为政党,不破坏社会安定,不非法接受西方援助";政府将吸收建设性反对派参政,进行非对抗性的议会选举;实行总统制和两院制。双方还就第 10 届议会的议席分配达成协议:众议院仍设 460 个席位,执政当局占 65%,即 299 席,其余 35%,即 161 席通过自由选举产生;参议院设 100 席,全部通过自由选举产生;总统由执政当局提出候选人,经参众两院组成国民大会共同投票选举产生,任期 6 年,最多连任 1 次。4 月 17 日,华沙省法院宣布团结工会为合法组织。[①]

在团结工会合法化的当天,布什在东欧裔居民聚集

---

① 吕香芝、刘祖熙:《波兰战后的三次危机》,第 182—183 页。

的密歇根哈姆川克市(Hamtramck)进行了演讲,表达了自己对东欧,尤其是波兰的态度。他毫无疑问地支持波兰的改革运动:"美国人和波兰人被一种非常特殊的纽带联结着:同样的血缘、同样的文化和价值观。因此,随着波兰的剧变,我们一同分享着波兰人民的愿望与兴奋……然而波兰面临严重的经济问题,波兰的民主力量正在寻找西方在政治、经济和道义上的支持,西方当然会做出回应。我们正在重新审视美国对波兰乃至东欧的政策,仔细考虑对波兰的援助方式。但这些援助将不是无条件的,我们不会采取任何有损西方国家安全的措施。"在谨慎地评价西方可能的回应的同时,布什也阐明了区分政策的变化:"如果没有重大的经济和政治自由化,就不会有进展。而西方的帮助将会和自由化一致,其目的是以自由为目的。"[1]布什的讲话实际上并没有提出任何新转

---

[1] George H. W. Bush, "Remarks to Citizens in Hamtramck, Michigan", available at: https://bush41library.tamu.edu/archives/public-papers/326

变,他对波兰自由化的经济支持依然是戴维斯此前就提出的诸如提供OPIC信贷、在巴黎俱乐部重新规划债务偿还时间表、鼓励私人企业投资等措施。

而在同日,在波兰副外长吉纳斯与美国官员的另一次会议上,这些援助所暗含的政治条件更为明显也更为苛刻。吉纳斯被告知,布什在哈姆川克所公开允诺的经济支持都是有条件的,只有在团结工会被完全赋予了合法地位时才会考虑,而也只有波兰保证继续进行改革的前提下,美国才会进行其他经济援助。①

要确认推动政治自由化所需要的经济援助,无论在时机还是在数量上都是非常困难的。首先是美国政府当时巨大的财政赤字使这一计划处处捉襟见肘,在一次国家安全委员会的会议上,财政部部长布雷迪(Nicholas Frederick Brady)强调,只应当对经济改革而不是政治改革提供援助。他指出在1970年,当时美国倾注大量资金

---

① Gregory F. Domber, *Empowering Revolution*, p.240.

在波兰,以推动其政治改革,但由于没能好好利用导致了浪费。就连一贯支持给予波兰实质性经济援助的布什也不得不承认"与我们给东欧实际回馈的缺乏相比,在讲话中提到的推动改革的长长援助清单显得十分难堪……任何认真的观察者都会发现我们对东欧的回馈并不足以解决他们面临的严重问题"。

虽然助理国务卿西蒙斯(Tom Simons)认为布什的政策具有很大的灵活性,可以根据其创造的核心原则慢慢扩大援助规模。但戴维斯还是对布什政府的反应非常失望。他希望布什能够提出一个与东欧国家的巨大转变相符的援助计划。

波兰政府并不是没有意识到布什政府在援助上的"缩水"。在圆桌会议协议达成前,雅鲁泽尔斯基曾会见了美国慈善家大卫·洛克菲勒,雅鲁泽尔斯基用了很长时间表示西方经济援助对波兰的重要性,他担忧"如果像波兰和匈牙利这样的'改革先锋'没有得到足够的经济援助,他们可能会质疑民主化是否是最好的选择"。3月5

日，奥热绍夫斯基公开呼吁改变美波关系应当超越"小步骤框架"而"扩大步伐"，发展全面的双边合作关系。奥热绍夫斯基接受了此前怀特海德提出的经济援助步骤。而之后切瑞克会见伊格尔伯格时，切瑞克再次强调了"更加迅速、更少限制的西方经济援助"。总之，对于布什在1989年前半年所提出的援助框架，统一工人党感到颇为沮丧，他们也认为布什在哈姆川克的讲话几乎没有什么经济上的影响。

团结工会对布什的政策也有着同样的失落，他们始终希望美国能够拿出一套类似于"马歇尔计划"的一揽子经济援助方案。并且从1987年美波关系正常化开始，团结工会及其他反对派媒体就将能够拯救波兰经济的大规模经济援助作为自己的宣传武器，不停地宣传"波兰目前最需要的就是美国大胆的政策，就像在战后采取的马歇尔政策那样"。团结工会在媒体上频繁将对波的"马歇尔计划"设想与民主化进程联系起来——只有与团结工会的谈判才能让波兰获得这笔丰厚的资源。1988年12

月,团结工会协调办公室还召集了几位波兰活动家和经济学家准备了一个名为"团结工会经济计划"的会议。这次会议再次提出了"美国对波兰的迷你马歇尔计划"的观点,有趣的是,在这次会议中,协调办公室认为"虽然我们并不知道这个计划在总体上是否可能,但是发现这个计划可以成为比口号更为有力的东西"。团结工会成员不仅认为这是一个宣传利器,他们实际上相信类似的援助是他们应得的"回馈"。

所以,他们对布什的经济援助理念非常不满,这让团结工会长期的宣传不攻自破。在布什的哈姆川克讲话两周后,国务院主管人权和人道主义事务的助理国务卿多不里扬斯基(Paula Dobriansky)在戴维斯的陪同下同身处格但斯克的瓦文萨见面。和雅鲁泽尔斯基一样,瓦文萨也十分看重西方国家对于波兰内部改革的反应。他认为相比于东欧其他国家,波兰的改革是最为"进步"的,但是债务问题阻碍了改革的前景。瓦文萨没有直接在会谈中批评布什的讲话和政策,但已经暗示了他的态度。

不久,库龙前往华盛顿时再次表达了这个看法:"西方人似乎想等到波兰稳定时再进行经济援助,但稳定恰恰需要资金的注入,这个恶性循环不利于瓦文萨和团结工会。"然而西蒙斯的反应却相当冷淡,他说:"美国对此并没有准备好答案。波兰政府和反对派都喜欢神化美国的资源和慷慨。"其后赴美的盖莱梅克甚至希望国务院能够为波兰组建一个包含西欧国家与日本的国际联合资助计划,但布什政府不愿给出正面具体的回应。[①]

不过,团结工会还有另一个可靠的资金渠道,那就是民主捐赠基金会。在圆桌会议即将达成协议时,时任团结工会巴黎办公室主任的布鲁斯泰就给基金会主席戈斯曼写了一封信,希望能够为团结工会获得一些新的资助。由于团结工会合法化后开始发行自己的《选举报》,为了保证报纸的出版和发行,布鲁斯泰之后又向基金会发去了一份更为具体的需求清单,包括两台复印机、电脑和大

[①] Gregory F. Domber, "Supporting the Revolution," p.410.

量打印纸。最后,民主捐赠基金会通过慈善基金会向《选举报》提供了3万美元的支持。同样,当盖莱梅克在向布什政府寻求帮助碰壁后,5月19日,他短暂会见了柯克兰德,后者当即同意通过劳联—产联赠予10万美元以支持团结工会在即将到来的选举中的活动。

从布什政府确立东欧政策开始,他的想法愈发切合波兰政府,而非此前美国政府一贯支持的以团结工会为代表的反对派的想法。布什政府希望通过美国在国际金融组织中的影响为波兰提供有利的经济发展环境,重新安排债务,将其纳入普惠制以降低贸易壁垒,并为私人投资提供支持。而在3月份后,波兰政府也对布雷迪为拉美国家提出的经济复苏计划有了兴趣,他们希望美国能够为波兰重组债务提供支持;而团结工会则希望能从美国政府那里得到更多的贷款金额和更大规模的援助计划,这实际上是与布什所设想的波兰政策不一致的。[①]

---

① Gregory F. Domber, *Empowering Revolution*, pp.243-244.

美国对波兰的政治势力的偏好正在慢慢改变,布什政府认识到西方国家应当做的并不是只支持一边,而是应当与政府和反对派两方都建立起广泛的社会联系,只有意识到波兰政治中切实存在的多元主义才能够深化美国对波兰的影响和波兰自身的发展。①

三、 对抗性选举

在 1989 年 6 月份的大选到来前,中情局主管政治心理事务官员彼得·劳登布什(Peter Raudenbush)领导了 QRHELPFUL 行动的最后一项隐蔽任务:为缺乏媒体设备的团结工会发动信息战和心理战。在圆桌会议期间,中情局为团结工会秘密转运了超过 10 万美元的媒体

---

① Robert L. Hutchings, *American Diplomacy and the End of the Cold War*, pp.56 – 57.

和印刷设备以便在大选中进行宣传。①

而团结工会在为即将到来的大选紧锣密鼓地做准备:4月7日,团结工会全国执行委员会通过一项决议,"尽管这还不是完全民主的选举,但团结工会要最大限度地利用这次机会(获得胜利)"。② 一方面,面对政府为大选拟定的"国家名单"(名单上的候选人只需要获得50%的选票就能当选),团结工会也组建了公民委员会公布了自己的候选人名单,这份名单在4月底确定并于5月10日正式提交。候选人很快开始了疾风骤雨式的拉票,罢工、示威等街头运动卷土重来,他们大规模举行演讲、组织集会、号召民众对抗统一工人党在40多年里创造的"政治无知"的社会。5月1日,团结工会组织了一系列游行示威,最大的一次游行发生在华沙,近10万人参加了集会。5月9日,波兰电视台首次播送了由团结工会制作的电视节目,这个节目所用的频率是军事管制时期

---

① Seth G. Jones, *A Covert Action*, p.277.
② Andrzej Paczkowski, *The Spring Will Be Ours*, p.501.

地下电视台所常用的。成千上万居民在鼓动下参与到选举活动中。

据拉科夫斯基回忆,在选举前最为紧张激烈的那几周里,街上到处都是极端的口号。5月16日,一群青年人还包围了苏联驻克拉科夫领事馆的大楼,打砸门窗、侮辱苏联国徽。选民们普遍被告知不要投谁的票,甚至有反对派号召人们抹去国家名单上所有候选人。一时间,社会上攻击统一工人党和其他政府部门的讽刺漫画比比皆是,挑衅性的宣传让波兰当局震惊。

而反对派的行为很快得到了教会的支持。虽然教会一贯表示自己在选举中保持中立,始终标榜自己"不直接介入政治活动",但仍然有很多教士为反对派候选人摇旗呐喊。亲团结工会的教士们在教堂里召开声援团结工会的集会,在布道讲坛上发出了"不要投共产党人的票"的呼吁,辱骂当局,直接加入选举活动,具有明显倾向性。[①]

---

① 拉科夫斯基:《波兰剧变是怎样发生的》,第296页。

另一方面,资金也是大选必不可少的条件。公民委员会成员乌耶克(Henryk Wujec)估计整个大选的造势将花费25万美元。而到4月底,委员会只募集到了3万美元。为此,团结工会成员向民众销售各种纪念品以弥补资金不足。同时,虽然团结工会宣称不希望直接从外国政府那里得到拨款,但团结工会的发言人还是表示希望能够再次从西方工会和其他社会组织中获取资金。瓦文萨甚至直接向波兰政府要求能够支持团结工会的竞选活动。

不过在整个选举过程中,反对派对能够在大选中取胜的预期与美国情报部门的预测完全相反,他们对未来表现得非常悲观。盖莱梅克在圆桌会议后告诉记者:"我们没有足够的金钱,也没有很大的媒体影响。"瓦文萨在4月26日会见美国代表时也强调,反对派内部已经出现了分裂,"我们可能会输"。他悲观地预测道。库龙在5月份访问美国时,也难掩自己失落的情绪:"农村地区对于团结工会的支持很少,在议会大选中,团结工会可能只会获得25%左右的席位……共产党人则会脱颖而出。"

第七章 最后的选举

相比于团结工会积极踊跃地拉票和造势,统一工人党的反应却波动剧烈。起初他们认为选举并不会关乎党的生死。在 4 月末,雅鲁泽尔斯基把拉科夫斯基、切瑞克、乔塞克、乌尔班等人请到党中央大厦的办公室讨论选举策略。此前政治局的结论是选举是"非对抗性"的,党组织在共同利益的基础上能够与反对派达成谅解,联合起来进行选举活动,互相支持候选人及其在纲领上的共同立场。但最近反对派的动作让波兰政府不得不考虑激烈的"对抗性"选举发生的可能。不过会议还是笼罩着一股乐观主义的氛围。他们相信政府将稳操胜券,反倒是忧虑反对派在议会中的代表太少。虽然乌尔班警告最近民意测试显示统一工人党在民众心中的合法性日益降低,愿意投党的候选人的人数只有 14%。但他的警告并没有改变党在选举过程中采取消极的防守姿态。[①]

然而,当统一工人党被团结工会和教会在舆论场上

---

① 拉科夫斯基:《波兰剧变是怎样发生的》,第 288 页。

的进攻打得节节败退时,他们全然丧失了此前的自信。雅鲁泽尔斯基只同意竞选总统,却不愿意加入国家名单中竞选议员,他的这一行为被许多人解读为波党的退却。到5月中旬,"非对抗性选举"的说法已经不存在了,拉科夫斯基回忆道:"《选举报》越来越富有挑衅性和蛊惑性,他们放言诽谤我们……党却仍然采取守势。波兰统一工人党在没有反对派的情况下执政了40年,从根本上讲,失去了对社会主义的信心。党的纪律松弛了……失去了斗争的能力。"5月23日,乌尔班通报了舆论调查中心的调查结果,他说这一结果对统一工人党很不利。各地的情况都不好,无论是在经济情况还是在选举上。甚至在党内,党员们也倾向于投票给反对派。据统计,只有34%的统一工人党党员和16%的农民党(执政联盟成员之一)党员愿意给政府候选人投票;而六分之一的统一工人党党员和48%的农民党党员则愿意投票给团结工会。①

---

① 拉科夫斯基:《波兰剧变是怎样发生的》,第300页。

统一工人党在舆论战场上处处被动,主管宣传部门的雷伊科夫斯基犯了战略性错误,他指示宣传部门采取后发制人的战术,导致了党的不利局面。缺乏战斗和进取精神让选民没有感到执政联盟的活力,甚至感觉他们有些傲慢。事后,一位支持执政联盟的工程师写信给当局抱怨:"党实际上没有搞广告宣传。我们行动迟缓,像君子一样行事。反而由蛊惑和恐吓获胜了。"①

目睹了局势骤变的戴维斯在给华盛顿的电报里提到了这一现象,五月中旬,戴维斯预测道:

> 六月份的大选对于当局而言是一个不可预知的危险,而对于反对派来说则是个巨大的机会……当局很有可能面临十分尴尬的失败局面。党虽然被吹捧为优秀的组织,却从没有鼓动选民的经验,很难看出波党的核心如何能够选出称职的候选人……他们

---

① 拉科夫斯基:《波兰剧变是怎样发生的》,第307页。

低估了反对派的力量。雅鲁泽尔斯基政权无法组织起其政党去应对大选,也没能凭借传统方法去说服选民——他对此毫无经验……团结工会却已经克服了在宣传方面缺乏经验和组织涣散的问题,他们的准备显得全面且顺利。相比于有着设备优势的政府,团结工会动员了一只庞大的群众队伍——年轻人们积极地参与到选举准备中,印刷了大量宣传材料,制作了电台节目来拉拢人心。[1]

戴维斯因此认为团结工会将很有可能赢得参议院中的所有席位。

支持戴维斯观点的还有布热津斯基,他在5月25日到30日访问波兰时也表达了同样的看法:"团结工会的运动组织良好、充满活力……公民委员会总部满是热情

---

[1] Cable from Embassy Warsaw to Sec. State Washington DC, "Election '89: The Year of Solidarity", April 19, 1989, available from the National Security Archive at: http://nsarchive.gwu.edu/NSAEBB/NSAEBB42/Doc1.pdf.

的学生和青年,他们充满希望。"而他对统一工人党总部的工作人员无不讽刺地评价为"反应迟钝的打字机"。

不过,戴维斯和布热津斯基等人的预测并没有给每个人带来对未来的乐观期望,因为他们发现如果反对派获得了压倒性的胜利,波兰局势反而会面临新的不确定性。按照选举前的协议,政府名单上的候选人只需要50%的投票率就能当选,但如果他们没能在6月4日的选举中获得足够的选票,那么他们将不能够进行6月18日的第二轮选举。如此,反对派就有可能趁机夺取原属于他们的议会席次,从而组成一个反对派占多数的参议院。

戴维斯并没有被波兰人拥护团结工会的热情冲昏头脑。在6月2日发给白宫的电报中,他批驳了美国人对波兰未来过度乐观的态度、强调了局势突然崩溃的可能性:

> 团结工会很可能将赢得近乎全面的胜利,但这

也可能会触发雅鲁泽尔斯基政府的激烈反应。政权中的改革派可能在此事件中饱受侮辱从而失去对政权的控制,那么这将急剧增加爆发军事政变甚至内战的可能性。[1]

这封措辞严厉的电报对布什的看法产生了巨大影响。如果这种情况发生,那么美国的立场就应当从支持团结工会转为对统一工人党政府公开表示同情甚至支持。如戴维斯所言:"现阶段,和政府分享权利,而非自己成为执政党,是对团结工会有利的。如果他们成为执政党,他们就要承担更多的责任。"戴维斯的这一观点很快得到了盖莱梅克的验证——他在选举胜利之后依然向政府声明团结工会并不想接管政权、组成政府。而另一方面,如果统一工人党在大选中遭遇惨败,美国人很难预料他们会做何反应,党内的保守派很可能重新掌权,与团结

---

[1] Robert L. Hutchings, *American Diplomacy and the End of the Cold War*, pp.59.

工会和其他反对派爆发更为激烈的冲突甚至内战。美国大使馆对于这种可能的情景十分忌惮。

为了表示美国政府在态度上的转变并进一步稳定波兰局势,布什在选前给雅鲁泽尔斯基发去一份回信,接受了此前波兰政府对他的邀请。布什在信中说道:"波兰已经迈出了走向自由和民主的一步,这一步将会有助于我们所寻求的欧洲的重建。"布什也暗示了美国将会增加对波兰的支持:"圆桌会议协定的成功签署和团结工会的合法注册已经让波兰在其朋友的帮助下改革与重建成为可能。"波兰外交部在这封信中看到了美国态度的转变,他们认为这次访问是开启在最高层次上对话的"新时代"的机会,将对国际环境、双边关系和国内事务都有正面的影响。

大选前夜,戴维斯写道:在经历了多年的动荡和政治压抑之后,许多人已经感到一股强大的历史潮流即将永久地改变波兰的面貌。①

---

① Seth G. Jones, *A Covert Action*, p.299.

四、大选之后

6月3日,一份来自中情局的报告分析道:"明天在波兰的选举将会是团结工会压倒性的胜利,并且产生一个深度分裂的政府……激烈的政治冲突不可避免。"[1]

当晚,一股不祥的念头萦绕在拉科夫斯基心头。尽管基于选前最后的民意调查的秘密报告显示,统一工人党领导的执政联盟在对团结工会等反对派的选情中处于下风(投执政联盟的占15%,投反对派的占40%),但雅鲁泽尔斯基等人依然对没有表现投票倾向的选民态度怀有侥幸,希望这个相当数量的群体能够在最后关头拯救执政联盟。但拉科夫斯基却对局势感到深深的失望。在

---

[1] "Special Analysis: Poland: Election Implications ," June 3, 1989, History and Public Policy Program Digital Archive, Approved for Release by the Central Intelligence Agency, October 29, 2019.

统一工人党竞选期间,他是最为理智和敏感的候选人之一。虽然他此前说过"尽管前途暗淡,但我还是不会放弃"。然而局势正滑入对他和雅鲁泽尔斯基等人最不利的方向。①

6月4日,大选开始。

从当天下午起,波兰驻外机构带来首批令人不安的消息,执政联盟的候选人几乎在每一个选区的得票数都少于反对派候选人。到了晚上,认识到失败几成定局的选举指挥部已经开始估计失败的程度。次日早上,执政联盟候选人意识到这是一次崩溃式的失败——政府提名的参议院议员全部落选,国家名单的35人只有2人获得了席位。最终结果是:在部分开放选举的波兰议会460个席位中,执政联盟占其中65%的席位:波兰统一工人党占173席,统一农民党占76席,民主党占27席,天主教社会联盟和帕克斯协会等4个组织占2席。团结工会

---

① Andrzej Paczkowski, *The Spring Will Be Ours*, pp.503-504.

占35%的席位,共161席。在全部席位开放选举的参议院100席中,团结工会占99席,另一席为个体农民所占。①

6月5日下午,政府新闻发言人在电视中承认统一工人党领导的执政联盟在选举中失败。之后,雅鲁泽尔斯基召开了中央书记处扩大会议。强装镇静的他坦言选举结果非常糟糕。与会人员都认为这次选举的结果是谁都没有想到的:大选完全打乱了预先商妥的整体实力划分,远远超出了圆桌会议构建的稳定框架,打乱了波兰国内政治经济改革计划。在美国政府为波兰政治进程的设想中,在选举结束后,统一工人党应该能够与团结工会保持6年左右的联合执政,团结工会和其他反对派在这段时间内逐步磨合具有较为一致的共识,这是一个缓慢的向政治自由化过度的过程。② 然而大选的结果改变了一切,由于过于迅速的"自由化"进程和当局潜在的倒台危

---

① 刘祖熙、刘邦义:《波兰战后的三次危机》,第176页。
② Cable from Warsaw to Sec. State, "Election '89: Solidarity's Coming Victory: Big or Too Big?" June 2, 1989.

险,"渐进"的政治进程不可避免地落入了充满未知和不确定的"激变"之中。

在雅鲁泽尔斯基主持的会议上,所有人都做了反思,基什查克认为党在竞选过程中确实怠慢了,不像反对派那样自始至终都在进行激烈的争夺。还有人甚至认为团结工会的胜利是明显的,他们对6月18日的第二轮选举已经没有兴趣了。最后,雷伊科夫斯基指出了三种潜在的危险:反对派日益增多的挑衅活动失去控制、因失望和痛苦而企图改变十中全会确定的路线、党员退党浪潮。[①]

雅鲁泽尔斯基以"在没有保护伞的情况下工作"比喻大选之后统一工人党工作的危险性。在大使馆冷静观察着的戴维斯自然对危险局势也有所预判。在此前他给贝克的电报中,就曾列举了波兰大选可能的五种结果,其中执政联盟的国家名单大部分当选是最好的结局;而团结

---

① 拉科夫斯基:《波兰剧变是怎样发生的》,第308—309页。

工会获得压倒性的胜利却是最危险的结果。[①]

一语成谶,最危险的"大灾难"恰好降临。

戴维斯认为,正是 6 月 4 日的大选彻底扭转了布什的东欧政策。在此前,布什将 1989 年美国的东欧政策形容为"负责任的催化剂"(responsible catalyst)。而在选举之后,政策的目的发生了改变,它不再支持团结工会并开始放缓推动民主化改革的步伐,成为"不情愿的抑制器"(reluctant inhibitor)。

这一政策上的变化可以追溯到 1989 年初圆桌会议协议的签订。在团结工会获得了压倒性的胜利后,华盛顿担心过于激进的政治变化会破坏圆桌会议协议立下的稳健政治改革框架,并因此威胁到波兰政权以致引发强烈的反应,最终使波兰陷入政变甚至内战之中——这将打乱美国介入东欧事务的计划和总体的对苏关系。

[①] Cable from Warsaw to Secstate, "Election '89: Solidarity's Coming Victory: Big or Too Big?" June 2, 1989.

戴维斯因此预测道:"在愈发激进的环境中,当务之急是确保雅鲁泽尔斯基当选总统……美国人需要确保共产党人当选……否则圆桌会议协议和大选结果有可能会被推翻。"①

在政治剧变引发的所有可能结果中,最令美国官员担忧的是政治剧变有可能诱发波兰社会内乱而导致苏军的介入。布什后来在接受波兰记者采访时公开宣称:"我们希望看到苏联军队退出波兰……我们也不想做任何可能会导致危机的行为。"②即便美波两国都不希望引发激烈的动荡,同时戈尔巴乔夫的态度也与两国元首有着某种情谊,在布什的回忆录中,他也只确信苏联在1989年中期以前不会干预波兰的改革。③ 也就是说,大选之后的局势依然充满了不确定性。

---

① Cable from Warsaw to Secstate, "Election '89: Solidarity's Coming Victory: Big or Too Big?" June 2, 1989.
② President George H. W. Bush, "President Bush's Interview with Polish Journalists," *Making the History of 1989*, Item 26, https://chnm.gmu.edu/1989/items/show/26
③ 乔治·布什、布伦特·斯考克罗夫特等:《重组的世界》,第109页。

为了确保其多年的隐蔽行动能够带来波兰政治的稳定转变,也为了防止苏联再次直接出兵干预东欧国家从而破坏美国在波兰精心布局已久的"和平演变"策略,华盛顿对团结工会和其他波兰反对派长达多年的政策重视与政治支持转为了对波兰当局的安抚和鼓励。

为了阐明美国政策的转变,布什在5月份时已经接受了7月对波兰的访问邀请,他认为在这个剧变导致的巨大未知前,任何清晰、有利于稳定局势的信号都是必要的。

6月6日,仅仅在大选结果公布后一天,布什公开声明称:"周日在波兰的选举意味着波兰迈向自由和民主的第一步。波兰政府和反对派对选举结果的反应让我感到鼓舞。我希望走向政治多元化的努力将遵循圆桌会议的协议,采取负责任、建设性的道路。"[1]布什这个简短的声

---

[1] George H. W. Bush, "Statement on the Elections in Poland, 1989-06-06", available at: https://bush41library.tamu.edu/archives/public-papers/510.

明特地强调了圆桌会议的协商框架,希望政府和团结工会两方在当时躁动而敏感的局势下都不要有过激的举动。

6月7日,为了推动布什的政策转向,众议院外交委员会讨论了一项新的法案。这份法案根据哈姆川克讲话的要求,批准对波兰实行普惠制和OPIC信贷;同时法案将分别在1990财年和1991财年拨款100万美元无条件支持波兰的民主建设;在两年分别提供150万美元和156万美元与波兰进行科技交流,并提供200万美元的医疗用品和相关设备。为此,政府还特别成立了总统领导的特别工作组,西欧盟国及日本共同协调完成这项计划。

同时,波兰国内政府和反对派也积极进行协商,讨论防止危机恶化的可能。6月6日,反对派和统一工人党在国家名单的问题上达成一定妥协:无意占据议会多数席位的反对派允许在6月18日就国家名单进行第二轮投票,弥补议会中出现空缺席位过多的尴尬。不过许多政府提名的国家名单候选人还是放弃了参选机会，戴维斯后来与放弃参选的切瑞克交谈时，后者认为初选落败再次参选对他来说是一种羞辱。政府很快重新提名一批候选人填补了这些退选的空缺。而随着选举的惨败，统一工人党在执政联盟中的地位和统治力也受到重创，同在执政联盟中的统一人民党逐渐脱离了执政联盟。在18日第二次选举前，该党领导人公开宣布党内的分裂。

更为严重的分裂表现在原定在7月8日进行的总统大选上，有多达40到50名执政联盟成员宣布届时将拒绝给雅鲁泽尔斯基投票，以惩罚他给党带来的耻辱。这就意味着雅鲁泽尔斯基有可能在竞选总统中失败。如果总统一职让给了反对派成员或空缺，那么波兰不可避免地将陷入更为危险的局势中。

在布什尚未来访、口头承诺效果平平、社会分裂愈发严重的情况下，戴维斯首先迈出了美国政策大扭转的关键一步。6月22日晚,戴维斯召集了一批团结工会领导人共进晚餐,他不再如此前几年所做的那样保持距离地支持团结工会的活动,而是表达了自己对局势的担忧,直接给他们提出指导建议,希望团结工会领导人能够直接选举雅鲁泽尔斯基为总统。戴维斯在晚宴上为反对派们计算了参选人数和获得总统位置所需的投票数,他表明即使执政联盟中有人不投票给雅鲁泽尔斯基,后者也有足够的票数当选总统。因此,他建议团结工会直接弃权,不要参选而将总统一职让给雅鲁泽尔斯基。①

次日,他从反对派与雅鲁泽尔斯基两个角度向白宫报道了此事:"绝大多数团结工会领导人认为只有雅鲁泽尔斯基当选总统才是避免内战的唯一方法。但他们并不想投票给他……雅鲁泽尔斯基可能不愿接受提名,除非他能够确定可以当选。"他的一位顾问昨天公开表示"雅鲁泽尔斯基绝不会有失尊严地'爬上'总统宝座"。最后,

---

① Gregory F. Domber, *Empowering Revolution*, pp.251 - 252.

戴维斯在对未来局势发展做预测时警告道：如果雅鲁泽尔斯基没有被选为总统，内战的风险将会非常大，苏联虽然不情愿但必然干预。①

这无疑是一个奇怪而略带讽刺的场景：仅仅在几年前，戴维斯还在无声地为团结工会提供着各种援助帮助他们对抗波兰当局，而雅鲁泽尔斯基——这个在1981年颁布了戒严令并拘捕了大批团结工会的领导人——现在却成为反对派为了保证局势稳定而不得不支持的候选人。显然，"团结工会的胜利已经不再是一件令人庆祝的事情了"。②

几天后，戴维斯又给白宫发去一份名为《波兰指望布什总统》的电报作为布什访波的先期规划。电报开篇就道出了波兰对布什访问的无比关切："一到华沙，布什总

---

① Cable from Warsaw to Sec. State, "How to Elect Jaruzelski without Voting for Him, and Will He Run?" June 23, 1989. avalaible at: https://nsarchive2.gwu.edu//NSAEBB/NSAEBB42/Doc4.pdf
② Cable from Warsaw to Sec. State, "Election '89: Solidarity's Coming Victory: Big or Too Big?" June 2, 1989.

统就会发现他正在全世界最亲美的国家中心。"戴维斯认为，布什的主要目标是保证波兰的现有改革成果、鼓励波兰国内的和解并促使两国间更大的交流。最重要的态度转变是这份电报将雅鲁泽尔斯基描述为一个"真正的爱国者"，建议布什邀请他访问美国，并且将此作为对雅鲁泽尔斯基领导的这场变革的支持。同时，他也提到了教会和苏联在其中的影响：教会从圆桌会议谈判开始对社会起到了重大影响，教会已经成为"国家法律"，并且认为波兰的新政府将在不久之后与梵蒂冈缔结正式的外交关系。而至于苏联，波兰和苏联两国有很深的历史矛盾，他们彼此互不信任。

团结工会已经看到了波兰独特的地缘关系对苏联国家安全的重要性，所以他们有意识地避免使用反苏的措辞，也表示不会退出华约集团，瓦文萨甚至准备前往莫斯科讨论波兰问题。然而仅仅在布什抵达前几天，团结工会中的一些激进分子，如盖莱梅克和米奇尼克等人与瓦文萨的温和主张分道扬镳：他们认为团结工会应该抓住这个空当获取更大的权力,甚至组建自己的政府。①

6月30日,雅鲁泽尔斯基在波兰统一工人党和波党议员联席会议上发表声明,宣布他不想竞选总统,并推荐内务部长基什查克将军为总统候选人。这证实了戴维斯的担忧。按照圆桌会谈达成的协议,瓦文萨将不被允许参加总统竞选。虽然团结工会的部分领导也曾表示在国家充分民主化以前,并不想获得这一职位,要求选民或者支持雅鲁泽尔斯基,或者支持基什查克,但是随着民众的情绪普遍地越来越激进,选民根本不回应这一呼吁。总统选举陷入僵局,整个局势越来越复杂。雅鲁泽尔斯基当选总统是圆桌会议协议框架中不成文的前提——但这似乎已经很难实现了。② 如果两方在总统选举这个关键问题上食言,那么后果将会是难以预料的。因此为了稳

---

① Cable from Embassy Warsaw to Sec. State, "Political Crisis Intensifies," dated July 3, 1989, NSA, End of the Cold War, Poland 1989 Cables.
② Cable from Warsaw to Sec. State, "Election '89: Solidarity's Coming Victory: Big or Too Big?" June 2, 1989.

定局势、寻求美国的关键意见,7月5日,波兰政府决定将总统选举推迟到布什总统访问以后。

7月9日晚,布什和包括斯考克罗夫特在内的幕僚们抵达了充满了不安、谣言、惶恐与希望的华沙。

次日,布什和雅鲁泽尔斯基在戴维斯的住所进行了一场私人午餐会。雅鲁泽尔斯基说道:"这16年来,我一直住在离这只有500米远的地方,但这是我第一次来这……我想,这也是一个时代的信号吧。"

布什对雅鲁泽尔斯基的印象很好,他认为雅鲁泽尔斯基是一个理性、幽默又迷人的坚定爱国者。在总统官邸贝尔维德勒宫,雅鲁泽尔斯基推心置腹地问布什他应当扮演怎样的角色、是否应当参加总统大选,他力图避免一场无必要的政治拉锯战,却又担心落选的耻辱。他认为波兰需要一个联合政府——有一个共产党的总理和非共产党的副总理。但团结工会的问题在于它既是政党也是工会,忌惮于失去工人的支持,所以团结工会难以采取强有力的紧缩政策,但此类政策又是保证经济稳定的必要手段。在这个问题上,布什和雅鲁泽尔斯基很快达成了一致,他们都认为工人运动将会阻碍必要的经济紧缩政策的执行,从而使经济改革更为困难。①

最后,雅鲁泽尔斯基希望西方能够帮忙推动现行改革。布什答应会在明天前往格但斯克见瓦文萨时将这些问题与他讨论,提及美国支持波兰改革的一揽子计划,并表示他已经给七国集团写信列出了波兰问题。结束了与雅鲁泽尔斯基的私人会谈后,他们再次来到戴维斯的住所,在这里有40位统一工人党党员、团结工会成员和一些教会人员,这些持有不同政治观点的人首次聚在这么一个轻松愉快的场合。雅鲁泽尔斯基和奥尼斯维奇的酒杯碰得叮当响。布什回忆当时的雅鲁泽尔斯基毫无疑问

---

① Memorandum of Conversation Between President Bush and General Jaruzelski, dated July 10, 1989, GBPL, Memcon/Telcons. 转引自 Gregory F. Domber, *Empowering Revolution*, p.360.

想将爱挑刺的团结工会视为一个积极因素和真诚的伙伴。①

下午,布什在波兰国会上做了一个演讲,旨在解释这些计划。他重复了哈姆川克讲话中的承诺,并展示美国采取相应的步骤支持波兰的改革发展。虽然有些波兰人对布什有限的承诺并不很满意,但布什的讲话还是赢得了热烈的掌声与喝彩。国会议员用波兰传统赞词向布什欢呼:"一百年,又一个一百年,愿他长寿,为我们长寿!"雅鲁泽尔斯基后来说,没有一个外国领导人享受过这种礼遇,无论是戴高乐、赫鲁晓夫还是勃列日涅夫。晚上,雅鲁泽尔斯基为布什一行人准备了国宴。基什查克坐在布什边上,对他说他相信说服雅鲁泽尔斯基改变他不想参选总统的想法是重要的,他理解团结工会的主张,但共产党人应当取得总统职位,否则权力结构将处于过分紧

---

① 乔治·布什、布伦特·斯考克罗夫特等:《重组的世界》,第 102—104 页。

张之中。①

7月11日,布什一行人来到了格但斯克,他先会见了几位当地官员和教会人员。之后,瓦文萨夫妇在家中接待了布什和夫人芭芭拉,瓦文萨夫妇不大的房子被记者和人群挤得水泄不通。在午餐时,布什认为瓦文萨对波兰未来的构想虽然热情洋溢,却有些不自信和不踏实,甚至怀疑瓦文萨是否真正明白其讲话的含义。不过在总统选举的问题上,瓦文萨表达得很清楚,他认为只有支持基什查克当选总统才是最好的选择,雅鲁泽尔斯基也是一个比较好的人选,可惜他并不愿意参选。他打趣地评价雅鲁泽尔斯基是一个"红萝卜"——只有表面是红色的。最后,瓦文萨希望能够开辟直接帮助团结工会的渠道,他说:"我们要放慢政治变革的步伐,以使经济改革能够跟上。"当布什试探性地询问团结工会的要求时,瓦文

---

① 乔治·布什、布伦特·斯考克罗夫特等:《重组的世界》,第105—106页。

萨并没有给出正面回应,这让布什心里没底,他担心团结工会没能抓住如何解决问题的关键。团结工会的某些要求,比如妇女五年的产假就是不切实际的,没有政府在进行经济改革的同时还能够满足她们。① 吃过午饭后,布什在格但斯克造船厂做了鼓动人心的简短讲话,再与雅鲁泽尔斯基一同在维斯特布拉德(Westerplatte)——第二次世界大战爆发地献上了花圈,结束了对波兰的访问。

虽然有人认为与1987年那次访波相比,布什的这次访问并没有得到更为热烈的欢迎和更大的轰动。② 但在斯考克罗夫特看来,波兰之行完全达到了美国的目的,准确无误地表明了美国人的态度,即对改革的支持。③

总的来说,布什的此次访问有着双重目的:一是在经济上缓解波兰国内严重的经济危机、稳定社会局势。布

---

① 乔治·布什、布伦特·斯考克罗夫特等:《重组的世界》,第108页。
② Maureen Dowd, "For Bush, a Polish Welcome without Fervor," *The New York Times*, July 11, 1989: A1.
③ 乔治·布什、布伦特·斯考克罗夫特等:《重组的世界》,第109—110页。

什在波兰国会的讲话基本确定了争论许久、悬而未决的帮助恢复波兰经济的一揽子计划。除了此前在哈姆川克讲话中提及的 OPIC 和普惠制之外,两国还签署了扩大旅游业和文化交流的协议,美国将提供 1000 万美元改造波兰的一座火电厂、提供 100 万美元用于改善空气质量检测系统、提供 400 万美元用于改善水质等等。在债务方面,布什签署了两个协议,重新调整了从 1985 年到 1987 年的波兰对美国的债务。还承诺在巴黎俱乐部内重新安排 50 亿美元的债务期限、鼓励经济上可行的贷款计划,通过世界银行提供约 3.25 亿美元的资金。布什还提供 1 亿美元建立了"波兰—美国企业基金"(Polish-American Enterprise Fund)以促进波兰国内私营企业的发展和国有企业改革等等。[1]

第二个目的更为重要:布什推动了僵持近一个月的

---

[1] White House Fact Sheet on Proposed United States Assistance for Hungary and Poland, 1989 - 07 - 12. Available at: https://bush41library.tamu.edu/archives/public-papers/674.

总统问题的解决。布什与雅鲁泽尔斯基、瓦文萨两人的私人谈话很快起了作用。同时,雅鲁泽尔斯基也受到了苏联人的影响,在布什来访前一天的华约布加勒斯特会议上,戈尔巴乔夫表示支持雅鲁泽尔斯基在内的改革派,他希望这位盟友能够担任波兰总统。而在布什访问过后,苏联在公开发言中增加了对雅鲁泽尔斯基所作出贡献的描述。[1]

此外,布什的访问还稳定了苏联的态度。虽然莫斯科原则上欢迎适当的民主化,如果东欧国家不反对苏联的话,克里姆林宫也并不反对一个非共产党领导的国家。实际上戈尔巴乔夫已经通过其顾问扎格拉金(Vladimir Zagladin)默认了苏联将不会干预波兰总统的选举结果。[2] 但从美国政策的角度看来,仍担心新政府的具体行为。因此布什此行也起到了克服欧洲的分裂,将东欧

---

[1] Gregory F. Domber, *Empowering Revolution*, p.256.
[2] Cable from Warsaw to Sec. State, "Election '89: Solidarity's Coming Victory: Big or Too Big?" June 2, 1989.

诸国纳入"自由国家共同体"中,保证东欧地区的总体稳定的作用。

7月14日,瓦文萨宣布他将支持统一工人党所提出的任何领导人,并强调总统只能从统一工人党领导的执政联盟中选出,瓦文萨的声明对执政联盟内部起到了很大影响。同日,雅鲁泽尔斯基与执政联盟中的一些代表见面,又获得了统一人民党的支持。3天后,雅鲁泽尔斯基会见反对派议员,回答了他们提出的许多关于戒严令时期的问题,这次会晤向众人展示了雅鲁泽尔斯基"理性与温和"的一面。同日,他宣布参加总统竞选。

7月19日,总统选举如期进行,在多位团结工会候选人放弃参选的情况下,雅鲁泽尔斯基以270票——比法定半数票多一张的优势险胜当选。基什查克则成为总理候选人。

但是,布什的来访并没有完全解决波兰面临的危机。雅鲁泽尔斯基当选总统后的第二天,库龙和米奇尼克请求反对派代表建立一个由团结工会领导的政府。早在7月3日,米奇尼克在《选举报》上发表了题为《你们的总统,我们的总理》的文章。他宣传波兰"目前需要一种新的、能够得到所有主要政治力量拥护的格局……这一格局可以是这样一种协议,按照这一协议,总统将由波兰统一工人党的候选人中选出,而总理和组阁的使命则委任于团结工会的候选人"。① 曾经作为波党保护伞的苏联人对这篇文章反应冷淡,默认了团结工会的激进举动。

和米奇尼克等人一样,虽然瓦文萨支持雅鲁泽尔斯基当选波兰总统,但在总理的任命上却反对基什查克。当雅鲁泽尔斯基呼吁团结工会加入由统一工人党领导的政府时,团结工会果断拒绝了这一提议。

8月1日,基什查克组建的新政府决定进行市场化改革,他们开始市场定价,结果很快引发了通货膨胀,铁路工人和运输业人员大规模罢工,反对飙升的物价。8

---

① 刘祖熙、刘邦义:《波兰战后的三次危机》,第186页。

月7日,瓦文萨发出声明:"最近当局做出任命新总理的决定清楚表明,迄今为止其权力的垄断地位将继续保持下去。这加深了信任危机,再一次证明了社会的担心,即担心什么变化也不会发生,以及人们对未来不再抱希望。考虑上述情况,我一再表示,反对基什查克将军组阁。在目前形势下唯一的解决办法是让团结工会、统一农民党和民主党组阁,我将为此努力。"[1]随即,他秘密指示团结工会的积极分子与执政联盟中的统一农民党和民主党进行谈判,希望能够瓦解执政联盟的凝聚力。而团结工会在媒体上开始公开讨论如何组建自己政府。

在这种紧张的气氛下,基什查克不得不寻求美国人的帮忙。8月11日,他在一个私人午餐会上找到戴维斯讨论团结工会组建政府的事情,并表示在党内已经有100名高级官员定期开会关注此事。而且随着罢工的加剧、社会冲突危险的上升,东德和苏联领导人再次对波兰

---

[1] 刘祖熙、刘邦义:《波兰战后的三次危机》,第187—188页。

的局势"非常关心"。他认为反对派得到了西方政府的指导和支持,所以希望戴维斯能够利用其影响力向反对派施压,迫使他们遵守圆桌会议协议的框架。

然而戴维斯拒绝了他,解释道:"据我所知,美国政府中没有人给反对派提供指导或者提前就知道瓦文萨的立场。美国政府认为波兰新政府的组成是波兰内部的事情,应当由波兰人自己决定。"不同于此前雅鲁泽尔斯基的总统风波,美国人这次不再支持统一工人党。之后,戴维斯给白宫发去电报,指出:"美国限制反对派夺取权力的行为可能超出了我们目前的能力。"[①]

8月12日,基什查克邀请瓦文萨就政府组阁一事进行对话,但瓦文萨并没有给予任何回应。国务院获悉后担心局势因此发生变化,通知戴维斯尽可能保证政府与

---

① Cable from Embassy Warsaw to Sec. State, "Conversation with General Kiszczak," dated August 11, 1989, NSA, End of the Cold War, Poland 1989 Cables.

反对派之间的交流通畅。① 不久,戴维斯又从美国驻莫斯科大使馆获悉了苏联对团结工会的默许态度。

失去了美国人的支持,面对团结工会、统一农民党和民主党的政治联盟的巩固,基什查克不得不在8月14日提交辞呈。

两天后,理清情报的戴维斯就苏联对基什查克辞职和团结工会领导政府一事的反应给国务院回电。他认为"在过去几周,苏联对波兰政治危机的反应是克制的、模糊的。苏联强调波兰问题是其内政,苏联坚持不干涉的政策……虽然大多数苏联领导人希望统一工人党能够继续作为领导者执政,但稳定才是他们最关切的利益。如果团结工会能够稳定社会局面、抑制反苏情绪的爆发,那么团结工会领导的政府并非不可接受。"②

---

① Cable from Sec. State to Warsaw, "Solidarity-Government Dialogue," August 12, 1989.
② Cable from Moscow to Sec. State, "If Solidarity Takes Charge, What Will the Soviets Do?" August 16, 1989.

在莫斯科的保证下,团结工会不再担心组阁可能引发的可怕后果,也不再寻求美国人的建议。8月19日,他们达成了一个基本协议:由团结工会选出总理,创建由团结工会、民主党、统一农民党和统一工人党组成的大联盟。①

8月24日,瓦文萨的政治顾问马佐维耶茨基高票当选政府总理,他很快建立起了由团结工会领导的政府机构,24名内阁成员中有12名和反对派有联系,只有4名是统一工人党党员。基什查克继续担任内政部长一职。

就这样,近半个世纪的统一工人党的统治结束了。

---

① Cable from Warsaw to Sec. State, "Bronislaw Geremek Explains Next Steps Toward a Solidarity Government," August 19, 1989.

结　语

　　如果没有美国的隐蔽行动,团结工会将不可能在波兰政府的打击下生存下来。那么1989年波兰政权更替,乃至整个东欧剧变的历史也可能将被改写。1999年,在密歇根大学的一次纪念圆桌会议十周年的讨论会上,包括米奇尼克、布亚克、拉科夫斯基和乔塞克等与会者都表示没有想到共产主义政权会从波兰开始崩溃。①

　　其实,崩溃早在里根决定以隐蔽行动推动波兰局势、

---

① Communism's Negotiated Collapse: The Polish Round Table, Ten Years Later. A Conference at the University of Michigan, April 7 - 10, 1999.

保证团结工会的生存时已经埋下了伏笔。

那么,隐蔽行动在多大程度上改变了美国与波兰的关系、加速了波兰剧变的进程?

首先,毫无疑问中情局领导的代号为 QRHELPFUL 的隐蔽行动给团结工会的秘密资助是保证其生存的最重要手段。以中情局、劳联—产联和民主捐赠基金会等组织为首的庞大地下网络从 80 年代初开始就为团结工会源源不断地提供了大笔资金。据统计,从 1982 年团结工会海外办公室逐渐建立开始,每年从这些办公室给波兰境内提供的资金就极为丰厚且逐年增加:1982 年在劳联—产联的协助下初建时,收入就有 10.9 万美元;到 1983 年猛涨三倍,近 35 万美元;而 1984 年增加到了近 50 万美元;到 1987 年时,经济援助已经达到了 66.9 万美元。[①] 而在最近的一项研究中,有学者认为 QRHELPFUL 这

---

① Rainer Thiel, *Nested Games of External Democracy Promotion*, p.197.

一项目的总花费高达2000万美元。[1]

而在1984年民主捐赠基金会成立后,对团结工会的经济援助规模更加庞大、网络也更为完善:1984年,劳联—产联、支持团结工会委员会和波兰艺术与科学研究所等组织就为波兰国内的团结工会和海外团结工会办公室等组织提供了48万美元的支持。次年,资金总数涨到了60万美元,曙光基金会、自由之家等非政府组织也加入其中。1986年时,这个数字又增加了三分之一,达93万美元。1987和1988年,由于国会专门给团结工会的拨款,从基金会流入团结工会之手的资金猛然增至近200万美元。而1989年这个数字达到顶峰——330万美元,不只是国会和劳联—产联,其他组织如共和党国际事务研究所和国际私人企业中心,乃至美新署都加入了对波兰民主运动的支持中。而1989年时,援助的目的也大

---

[1] Mazurkiewicz on Jones, "A Covert Action: Reagan, the CIA, and the Cold War Struggle in Poland", H-Poland, available at: http://www.h-net.org/reviews/showpdf.php?id=53629.

大拓展了,除了老生常谈的对团结工会和反对派的必要资金、人道主义救援和出版物支持外,恢复波兰经济和促进科学文化交流等目标也成为资金支持的对象。①

这还只是得到整理的数据,实际上,美国对团结工会的真实资金援助数据很难确定,这方面的档案还有待解密,很多数据是通过原政府官员的回忆零散得出的。总统情报监督委员会主席格伦·坎贝尔回忆,在1982年到1984年支持团结工会的隐蔽行动高峰期,每年有800万美元通过中情局的秘密账户被转移到团结工会手中。②着重研究美国和教会对团结工会隐蔽行动的卡尔·伯恩斯坦也基本同意坎贝尔的这个数字。③《纽约时报》在1988年的一篇文章认为,从1985年到1988年,美国每年向波兰团结工会和其他反对派约提供500万美元的现

---

① Gregory F. Domber, *Empowering Revolution*, pp.294-299.
② Peter Schweizer, *Victory*, p.76.
③ Carl Bernstein, Marco Politi, *His Holiness: John Paul II and the Hidden History of Our Time* (New York: Penguin Books, 1997), p.258.

金支持。1988年到1990年,美国对波兰国内反对派的资金援助也达到了460万美元。①

这些数字由于来源上的复杂性及其他因素,并没有十分准确、统一的看法。但美国对团结工会在经济上的大力支持是毫无疑问的。而且,我们通过这些数据看出对波隐蔽行动中秘密经济援助的一些特征:在1980年波兰危机刚刚爆发时,只有劳联—产联注意到了团结工会的活动,柯克兰德本人对团结工会的支持也是极为有限的,和卡特政府中多名要员的谈话也能反映出劳联—产联对团结工会的态度与美国政府格格不入。从戒严令颁布开始,美国社会对团结工会的关注大大增加,许多政府机构,如中情局和美新署也与以劳联—产联为代表的非政府组织一同参与了对团结工会的秘密资金援助。而劳联—产联此时也协助团结工会建立了海外办公室和联络站,这为之后的资金网络打下了基础。1984年起,民主

---

① Arthur R. Rachwald, *In Search of Poland*, p.89.

捐赠基金会将劳联—产联等一批非政府组织都组织起来，对团结工会的秘密资金援助有了质变。劳联—产联也得到了政府的拨款，成为中情局对波兰国内实施隐蔽行动的工具。① 到1987年美波关系好转时，隐蔽的对反对派的资金支持已经不再是秘密，多元化的资金来源和多样化的资助目的保证了团结工会在与波兰政府的较量中始终保持活力。

这些资金往往是由美国人或波兰流亡者出资并运营，在纽约、伦敦、巴黎、瑞典等地的团结工会办公室和中情局工作站之间来回转手，并寻找可靠的线人以正当理由掩护走私进波兰境内。如此隐秘且复杂的程序保证了资金和物资往来不会被波兰当局轻易发现，也一定程度上掩盖了团结工会与美国人的暧昧关系。资金的使用和分配也完全归波兰人决定，这一切都是建立在两者的相互信任和共同目标之上的。波兰人运营的这些组织，比

---

① Simon Rodberg, "The CIO without the CIA (AFL - CIO's international labor activities)," *American Prospect*, 2001(July).

如布鲁塞尔办公室和布罗达的关系网，虽然是在美国人的资金支持下才运行起来的，却有着相对独立的地位。中情局往往无从得知资金的流向和线人之间的关系，许多波兰流亡者在中情局的资料库中依然是匿名的，他们也无需向出资方提供任何报告和资金的使用情况的记录。

所以，一方面，如果没有美国人的经济支持，团结工会不可能在戒严令下的政治严冬中幸存。另一方面，美国人也无意将自己对团结工会的经济支持转变为控制团结工会的手段，这反而很大程度上保证了团结工会的独立性。

其次，美国与教会的合作沉重打击了统一工人党在大批波兰天主教徒心目中的合法性。他们成功塑造了作为精神领袖和道德楷模的教皇形象，潜移默化地摧毁了波兰共产党政权意识形态基础。教会凭借自身在波兰特殊的独立地位，给团结工会成员提供庇护，为美国与团结工会的私下联系提供场所并直接参与给团结工会的物资支持中。教皇保罗二世对波兰的三次访问每次都极大鼓舞了民众对团结工会的热情,而且也重创了统一工人党的威信。他在民间的影响甚至远远大于美国人的隐蔽援助。在时间上,从1976年开始,教会对波兰反共势力的支持要早于美国,当时还未当选教皇的沃伊蒂瓦就公开支持波兰境内的工人运动,瓦文萨在1980年签署"格但斯克协议"时用的钢笔上就画有保罗二世的肖像。而在精神象征上,保罗二世的形象是与波兰的民族记忆深深联系在一起的,这也为美国人的隐蔽行动提供了"道义优势":或许有人会怀疑美国政府隐蔽行动背后的暗藏动机,但鲜有人会质疑教皇对波兰国内局势推动的支持。1987年12月的一次调查显示:超过78%的波兰人认为天主教会是最值得信任的。[①]

再次,美国在宣传和广播领域的隐蔽行动扩大了反对派的影响,也改变很多波兰居民的观念。尤其是"自由

---

① 段德智主编:《境外宗教渗透与苏东剧变研究》,第254页。

欧洲"电台与团结工会的密切联系让他们在戒严令的高压下依然能够保持对社会的影响,甚至打破了官方对消息的垄断,借以抨击政府的行为和政治制度的缺陷。

波兰裔美国人为"自由欧洲"电台的工作提供了重要帮助,无论是道义声援还是在物质支持上。[①] 他们管理下的"自由欧洲"电台为波兰居民播放了许多在波兰人看来更为可靠和真实的信息。同时,"自由欧洲"电台对团结工会在情报上的支持也不容小觑,他们多次利用特定频率和特殊暗号指示团结工会躲避波兰当局的抓捕、组织大规模示威游行。"自由欧洲"电台的作用不仅仅局限于播音领域,他们还帮助团结工会建立了地下出版物传播网络,扩大了地下出版物的影响范围,也为团结工会在波兰境内电台的搭建提供了必要的援助。

同样,美国的图书活动也极大地催化了波兰民间意识形态的更迭和政局变动的进程。实际上,由中情局主

---

① John R. Davis, "Some Reflections on 1989 in Poland," *The Polish Review*, Vol.44, No.4 (1999), pp.389-393.

导的图书计划由来已久,对波兰的隐蔽行动是这一系列秘密计划中的一部分,也是最为完备的一部分。因为秘密运进波兰的图书不仅在数量和种类上极为丰富,而且在运输渠道的组织上也相当完备——国际文学中心、基金会、"美国之音"和"自由欧洲"电台等机构都为这一活动提供了支持。中情局在一份关于图书隐蔽行动的报告中业已指出了它们的重要性:"图书与其他宣传媒体全然不同,因为一本书就能够显著地改变读者的态度和行为,这是其他单个媒体无法媲美的……当然,我们不可能做到让所有读者都读到这些书籍,但图书足以成为长期战略宣传中最为重要的武器。"①

最后,戴维斯、怀特海德、布什等人的私人关系也对波兰局势造成了巨大影响,他们的个性、能力和地位决定了非制度化外交在波兰"和平演变"中的重要作用。尤其是戴维斯在1983年到华沙后以"秘密沙龙"的形式给团

---

① Alfred A. Reisch, *Hot Books in the Cold War*, p. XIII.

结工会以明确的支持信号和积极对话的场所。在他的住处，无数反对派成员或其支持者在这里交流想法、计划行动。在1986年两国关系好转之后，越来越多美国官员也参与其中，这使得戴维斯的住处成为影响美国和团结工会关系双向互动的枢纽。他张弛有度的行事风格保证了美国政府不被牵扯过深的同时又能准确表达白宫的政策设想：出于政治敏感性的考量，戴维斯本身并不愿意为团结工会提供直接的指导和意见。而唯一的例外就是在1989年大选之后、总统问题悬而未决的紧张时刻，在6月22日他与几位反对派成员进行晚餐时，直截了当地表达了美国对稳定波兰局势、推选雅鲁泽尔斯基为总统的想法，这一潜在的政治信号扭转了团结工会的激进攻势，避免了波兰政治剧变导致的不稳定结果。不过总的来看，政治嗅觉敏锐的戴维斯等人基本上把握住了"提供实质性援助以支持团结工会"和"不触动波兰当局政治底线"之间的微妙平衡。

而相应的，团结工会领导人也可以在美国大使馆里更为主动地影响美国的政策,尤其在1986年后,他们有更多机会接触美国国会议员和其他政府官员。通过对话与交流,他们可以说服美国从外部对当局施压、改变波兰局势。比如1987年里根在日记中写道:"为了回应瓦文萨和教皇的要求,我解除了对波兰的制裁。这些制裁为波兰人民造成了伤害,而这并非我们的本意。"[1]在更为微观的层面上,怀特海德的访问、布什对雅鲁泽尔斯基的说服、哈钦斯和盖莱梅克的多次会面也都体现了作为个体的政治家对波兰剧变的巨大推动作用。实际上,在1989年的剧变中,美国的隐蔽行动并没有发挥显著的作用,更多时候是依靠政治家之间的个人关系和私人会晤推动的。

回顾这段历史,可以看出美国对波隐蔽行动是一个长期的过程。从带有极端意识形态色彩的里根上台开

---

[1] Ronald Reagan, *Reagan's Diaries*, p.469.

始,隐蔽行动和干预主义倾向便随着其强硬的反共立场而扩大化。这些政策——无论是对团结工会的经济援助还是对波兰当局打压行为的政治干预——归根结底还是为美国的冷战大战略而服务的。1980年代伊始,由于波兰内外部环境的变化,隐蔽行动逐步展开,它也愈发明显地可以总结出几个特征。

首先,行动制定和执行的过程反映出综合性特点。对波隐蔽行动的政策不是单纯由美国政府自己就能实现的,而是依靠各政府机构、非政府组织、国际盟友和国际组织相互协作共同完成的,其主体和执行手段的多样与各组织相互间的配合、公开场合的外交磋商与秘密战线的隐蔽行动相互呼应体现了鲜明的综合性。在行动制定上,部门间相互配合与协调。隐蔽行动的风险性、保密性往往会导致不同部门间的矛盾和分歧,因而在80年代对波隐蔽行动的制定上,里根政府不时要考虑到财政部和国家安全委员会的特定需求。总体来看,80年代对波隐蔽行动是由国安委和中情局主导,并与美新署和国会相协商制定的。

其次是基于波兰特定历史社会环境之上的针对性。正如美国在1956年后强调对东欧国家进行区别对待政策一样,美国对波兰的隐蔽行动也着重关注到了波兰的特殊性进而制定和执行有针对性的隐蔽行动政策:其一,波兰人对天主教会的强烈认同促使美国认识到梵蒂冈的重要地位并与梵蒂冈摒弃前嫌结成秘密同盟,通过中情局、梵蒂冈和波兰天主教会的合作展开隐蔽行动。其二,考虑到大量波兰人或主动或被迫长期旅居海外,这些被驱逐者和移民常常被美国利用作为进行对波兰宣传的工具。这些知识分子对文化宣传的贡献巨大,他们的态度能够轻易影响波兰国内的民众和国际上对团结工会的同情。可以说,美籍波兰人群体在支持劳联—产联以及政府机构的隐蔽行动中扮演了在物质和精神上都举足轻重的角色。[1] 其三,波兰历史崎岖坎坷,历史上多次被俄国

---

[1] John R. Davis,"Some Reflections on 1989 in Poland,"*The Polish Review*,Vol.44,No.4（1999）, pp.389 - 393.

侵略、占领。因此,波兰国民的民族情感容易受到挑动,利于美国情报机构煽动波兰人对苏联乃至共产党政权的不满。因此,在选择宣传手段时,一些特定的历史事件,比如卡廷事件、苏德瓜分波兰密约和击败红军的毕苏斯基(Józef Piłsudski)都是美国煽动反苏反共情绪的工具。

最后,与同时期在中亚、中美洲等地的隐蔽行动相比,对波隐蔽行动明显呈现低烈度性。1968年苏联入侵捷克斯洛伐克的历史情景给美国决策者们留下了极为深刻的印象,他们认识到波兰作为东欧地缘政治的心脏,是苏联最重要的地缘战略利益之一。因此,在1980年代对团结工会进行支持的同时,始终保持对苏联反应的关注,以至在波兰危机刚刚爆发时,布热津斯基的指导思想就是避免重蹈1968年的覆辙,并发布声明强调美国不会利用波兰国内形势发展威胁苏联合法的安全利益。[①] 这一指导思想贯穿了美国对波隐蔽行动全程,在决策制定上,

---

① 布热津斯基:《实力与原则》,第527页。

通常是以长期目标为主,追求以宣传、交流等渐进性的方式逐步抵消苏联的影响。

在行动的执行上,美国在东欧的行动主要以对当局经济制裁、对反对派经济援助和隐蔽宣传为主,在援助类别上多是办公用具、通信工具而非武器;在援助过程中,美国也处处注意和团结工会保持距离、尽量不给他们行动建议,防止触怒苏联。并且在1987年缓和之后逐渐减少进攻性的宣传行为,至布什上台的前半年几乎暂停了官方的援助而选择静观其变。其后布什对雅鲁泽尔斯基的支持、对团结工会的说服也符合这种克制性、低烈度性的特征。

隐蔽行动的根本目的在于以灰色手段让苏东各国政府及其制度显得不得人心,从而促进国内民众的怀疑和反叛情绪。① 从这点来说,美国在波兰的隐蔽行动可以说是和平演变战略最成功的案例之一。即便它在1989

---

① 时殷弘,《激变政策与解放政策:冷战初期美国政府对苏联东欧内部状况的政策》,《世界历史》1995年03期,第8页。

年的关键时刻被认为不过是一个外部推力,但在长期来看,它是导致波兰共产主义政权倒台的众多重要因素之一。它不仅凸显了美国在冷战中,特别是里根时期"非黑即白式"反共意识形态,也表现出其居于霸权地位之上对全球性干预主义的偏好。总之,这一略显狡猾的隐蔽行动不仅反映了美国对波兰,乃至对整个苏东地区战略的变化趋势,也因波兰作为铁幕的"缺口"而改变了冷战的进程。

参考文献

一、英文档案文献

White House, National Security Review, Bush Administration, 1989 – 93, George H. W. Bush Library Center.

White House, National Security Directives, Bush Administration, 1989 – 93, George H. W. Bush Library Center.

U.S. National Security Committee, National Security Decision Directives, Reagan Administration, 1981 –

89, The Ronald Reagan Presidential Foundation & Library.

Cable from embassy Warsaw to Sec. state Washington DC, "Election '89: The Year of Solidarity", April 19, 1989.

Cable from embassy Warsaw to Sec. state Washington DC, "Election '89: Solidarity's Coming Victory: Big or Too Big?", June 2, 1989.

Cable from embassy Warsaw to Sec. state Washington DC, "Political Crisis Intensifies", July 3, 1989.

Memorandum from William P. Clark to the President, "Subject: Poland: One Month under Martial Law", January 14, 1982.

Memorandum of Conversation between President Bush and General Jaruzelski, July 10, 1989.

Cable from Warsaw to Sec. state, "How to Elect Jaruzelski without Voting for Him, and Will He Run?"

June 23,1989.

White House Fact Sheet on Proposed United States Assistance for Hungary and Poland, July 12, 1989.

The State Department, Government of the United States, *The Foreign Relations of the United States*, 1945-1950, Emergence of the Intelligence Establishment.

The State Department, Government of the United States, *The Foreign Relations of the United States*, 1955-1957, Vol.19.

The State Department, Government of the United States, *The Foreign Relations of the United States*, 1969-1976, Vol.29.

Central Intelligence Agency, The Collapse of Communism in Eastern Europe: A 30-Year Legacy.

二、英文论著

Alexandre, Laurien, *The Voice of America: From*

Detente to the Reagan Doctrine, Norwood: Ablex Publishing Corporation,1988.

Ash, Timothy Garton, *The Magic Lantern the Revolution of '89 Witnessed in Warsaw, Budapest, Berlin and Prague*, New York: Vintage Books,1990.

Ash, Timothy Garton, *The Polish Revolution*, Yale: Yale University Press,2002.

Baker, James A., and DeFrank, Thomas M., *The Politics of Diplomacy: Revolution, War and Peace, 1989-1992*, New York: C. P. Putnam's Sons,1995.

Bell, Coral, *The Reagan Paradox: U.S. Foreign Policy in the 1980s*, New Brunswick: Rutgers University Press,1989.

Bennett, Krovig, *Of Walls and Bridges: The United States & Eastern Europe*, New York University Press,1991.

Bernstein, Carl, and Politi, Marco, *His Holiness:*

John Paul II and the Hidden History of Our Time, New York: Penguin Books, 1995.

Bloom, Jack M., *Seeing Through the Eyes of the Polish Revolution: Solidarity and the Struggle Against Communism in Poland*, Boston: Brill, 2014.

Brzezinski, Zbigniew, *Power and Principle: Memoirs of the National Security Advisor 1977 – 1981*, New York: Farrar, Straus Giroux, 1983.

Cull, Nicholas John, *The Cold War and the United States Information Agency: American Propaganda and Public Diplomacy, 1945 – 1989*, Cambridge: Cambridge University Press, 2008.

Cummings, Richard H., *Cold War Radio: The Dangerous History of American Broadcasting in Europe, 1950 – 1989*, Jefferson: McFarland & Company, 2009.

Daugherty, William J., *Executive Secrets: Covert*

Action and The Presidency, Lexington: University Press of Kentucky, 2006.

Domber Gregory F., "Supporting the Revolution: America, Democracy, and the End of the Cold War in Poland, 1981 - 1989," PhD Thesis, The George Washington University, 2008.

Domber, Gregory F., "Solidarity's Coming Victory: Big or Too Big," National Security Archive Electronic Briefing Book, No.42, 2001.

Domber, Gregory F., *Empowering Revolution: America, Poland, and the End of the Cold War*, Chapel Hill: University of North Carolina Press, 2014.

Eichler, Gabriel, " A Banker's Perspective on Poland's Debt Problem" in Marer and Siwinski, *Creditworthiness and Reform in Poland*, Bloomington: Indiana University Press, 1988.

Gates, Robert M., *From the Shadows: The*

Ultimate Insider's Story of Five Presidents and How They Won the Cold War, New York: Simon & Schuster, 1996.

Green, Fitzhugh, *American Propaganda Abroad: From Benjamin Franklin to Ronald Reagan*, New York: Hippocrene Books, 1988.

Haig, Alexander, *Caveat: Realism, Reagan and Foreign Policy*, New York: Macmilian Publishing Company, 1984.

Hough, Jerry F., *The Polish Crisis, American Policy Options: A Staff Paper*, Washington DC: Brookings Institution Press, 1982.

Hutchings, Robert L., *American Diplomacy and the End of the Cold War: An Insider's Account of US Diplomacy in Europe, 1989 – 1992*, Baltimore: Johns Hopkins University Press, 1997.

Johnson, A. Ross, and Parta, R. Eugene, *Cold War*

Broadcasting:*Impact on the Soviet Union and Eastern Europe*, New York: Central European University Press,2010.

Kinstetter, Gregory A., *Let Poland Be Poland*, University of Wyoming, ProQuest Dissertations Publishing,2012.

Kloczowski,Jerzy,*A History of Polish Christianity*,Cambridge:Cambridge University Press,2000.

Laba, Roman, *The Roots of Solidarity: A Political Sociology of Poland's Working-Class Democratization*,Princeton:Princeton University Press,1991.

MacEachin,Doug,*U.S. Intelligence and the Polish Crisis, 1980 – 1981*, Washington D. C.: Center for the Study of Intelligence,2000.

Machcewicz,Paweł, *Poland's War on Radio Free Europe, 1950 – 1989*, Washington D. C.: Woodrow Wilson Center Press,2014.

Maynard, Christopher, *Out of the Shadow: George H. W. Bush and the End of the Cold War*, Austin: University of Texas Press, 2008.

Mazgaj, Marian S., *Church and State in Communist Poland: A History, 1944 - 1989*, Jefferson: McFarland & Company, 2010.

Michta, A. A., *The Polish Military as a Political Force: The Army During the Crisis of 1980 - 1981*, The Johns Hopkins University, ProQuest Dissertations Publishing, 1987.

Nelson, Michael, *War of the Black Heavens: The Battles of Western Broadcasting in the Cold War*, Nebraska: Potomac Books, 1997.

Njolstad, Olav, ed., *The Last Decade of the Cold War*, London: Frank Cass Publishers, 2004.

Nutter, John Jacob, The *CIA's Black Ops: Covert Action, Foreign Policy, and Democracy*, New York:

Prometheus Books,1999.

Paczkowski, Andrzej, *From Solidarity to Martial Law: The Polish Crisis of 1980-1981: A Documentary History*, Budapest: Central European University Press, 2007.

Paczkowski, Andrzej, *The Spring Will Be Ours: Poland and the Poles from Occupation to Freedom*, Pennsylvania: Pennsylvania State University Press, 2003.

Puddington, Arch, *Lane Kirkland: Champion of American Labor*, Wiley, 2009.

Rachwald, Arthur R., *In Search of Poland: the Superpowers' Response to Solidarity, 1980-1989*, Stanford: Hoover Institution Press, 1990.

Reagan, Ronald, *Reagans Diaries*, The Ronald Reagan Presidential Library Foundation, 2007.

Reisch, Alfred A., *Hot Books in the Cold War: The*

CIA-Funded Secret Western Book Distribution Program Behind the Iron Curtain, Budapest: CEU Press, 2013.

Risso, Linda, "Radio Wars: Broadcasting in the Cold War,"*Cold War History*, Vol.13, No.2(2013).

Schweizer, Peter, *Reagan's War: The Epic Story of His Forty Year Struggle and Final Triumph over Communism*, New York: Doubleday, 2002.

Schweizer, Peter, *Victory: The Reagan Administration's Secret Strategy That Hastened the Collapse of the Soviet Union*, New York: Atlantic Monthly Press, 1994.

Seth, G. Jones, *A Covert Action: Reagan, the CIA, and the Cold War Struggle in Poland*, New York: W. W. Norton & Company, 2018.

Short, K. R. M., *Western Broadcasting over the Iron Curtain*, Kent: Croom Helm Ltd., 1986.

Shultz, George P., *Turmoil and Triumph: My Years as Secretary of State*, New York: Charles Scribner's Sons, 1993.

Snyder, Timothy, *The Reconstruction of Nations: Poland, Ukraine, Lithuania, Belarus, 1569 - 1999*, New Haven: Yale University Press, 2003.

Stockes, Gales ed., *From Stalinism to Pluralism: A Documentary History of Eastern Europe since 1945*, Oxford: Oxford University Press, 1996.

Thiel, Rainer, *Nested Games of External Democracy Promotion: The United States and the Polish Liberalization 1980 - 1989*, Berlin: The Deutsche National Bibliothek, 2009.

Walesa, Lech, *The Struggle and the Triumph*, New York: Arcade Publishing, 1994.

Whitehead, John, *A Life in Leadership: From D-Day to Ground Zero: An Autobiography*, New

York: Basic Books, 2005.

Woodward, Bob, *Veil: The Secret Wars of the CIA 1981–1987*, New York: Simon Schuster, 1987.

Berkowitz, Bruce D., B. D., Berkowitz, and A. E., Goodman, "The Logic of Covert Action," *National Interest*, Vol.51, 1998.

Boren, D. L., "Covert Action and American Foreign Policy," *Harvard International Review*, Vol. 11, No. 3, 1989.

Buczynska-Garewicz, Hanna, "The Flying University in Poland, 1978–1980," *Harvard Educational Review*, Vol. 55, No.1, 1985.

Bush, George H. W., and Scowcroft, Brent, *A World Transformed*, New York: Vintage, 1999.

Davis, John R., "Some Reflections on 1989 in Poland," *The Polish Review*, Vol.44, No.4, 1999.

Domber, Gregory F., "Ending the Cold War, Unintentionally," *Quarterly Journal of Experimental Physiology*, Vol. 23, 2012.

Eberts, Mirella W., "The Roman Catholic Church and Democracy in Poland," *Europe-Asia Studies*, Vol. 50, No. 5, 1998.

Ferro, Marc, "The Use and Abuse of History, or How the Past Is Taught to Children," *Journal of Interdisciplinary History*, Vol. 16, No. 3, 2007.

Fritz, B., "Fugitive Leverage: Commercial Banks, Sovereign Debt, and Cold, War Crisis in Poland, 1980-1982," *Enterprise & Society*, Vol. 18, No. 1, 2016.

Garrett, Stephen A., "Eastern European Ethnic Groups and American Foreign Policy," *Political Science Quarterly*, Vol. 93, No. 2, 1978.

Goddeeris, Idesbald, "Solidarność, the Western World, and the End of the Cold War," *European Review*, Vol. 16, No. 1, 2008.

Karabel, Jarome, "The Origins of Solidarity: Workers, Intellectuals, and the Making of an Oppositional Movement," *Institute for Research on Labor & Employment Working Paper*, Vol.29, No.1, 1992.

Kramer, Mark, "Colonel Kuklinski and the Polish Crisis, 1980 – 1981," *Cold War International History Project*, Bulletin No.11.

Lewis, P. G., "The long goodbye: Party rule and political change in Poland since martial law," *Journal of Communist Studies & Transition Politics*, Vol. 6, No.1, 1990.

Lewis, Paul G., "Review: Political Dissent and Opposition in Poland: The Workers' Defense Committee 'KOR' by Zuzowski, Robert," *The Slavonic and East European Review*, Vol.73, No.2 (Apr., 1995).

Osnos, P., "The Polish Road to Communism," *Foreign Affairs*, Vol.56, No.1, 1977.

Raghavan, Sudarsan V., Stephen S. Johnson, and Kristi K. Bahrenburg, "Sending cross-border static: on the fate of Radio Free Europe and the influence of international broadcasting," *Journal of International Affairs*, Vol. 47, 1993.

Raymond, Walter, Jr., "Poland — The Road to 1989,"*The Polish Review*,Vol. 44,No. 4,1999.

Sherman, Edric, and Farrand, Robert, "Poland Working Group Report,"*Situation Report*, No. 1, December 13, 1981.

Shevis,J.M.,"The AFL-CIO and Poland's Solidarity,"*World Affairs*,Vol.144,No.1,1981.

Tymowski, A. W., "Workers vs. Intellectuals in Solidarnosc", *TELOS*, No. 90,1991.

Wynot, Edward D. Jr., "Captive faith: The Polish Orthodox Church, 1945 - 1989,"*East European Quarterly*,Vol.36,No.3,2002.

三、中文论著（含译著）

刘祖熙、刘邦义:《波兰战后的三次危机》,北京:世界知识出版社,1992年版。

白建才:《第三种选择:冷战期间美国对外隐蔽行动战略研究》,北京:人民出版社,2012年版。

金雁:《从"东欧"到"新欧洲":20年转轨再回首》,北京:北京大学出版社,2011年版。

刘祖熙:《波兰通史》,北京:商务印书馆,2006年版。

王逸舟、苏绍智:《波兰危机》,成都:四川人民出版社,1988年版。

时殷弘:《美国与苏共二十大》,载《南京大学学报(哲学社会科学版)》1996年03期。

石斌:《波匈事件与美国对苏东"演变"战略的定型》,载《当代世界与社会主义》2003年第02期。

吕香芝:《打开缺口:美国对波兰政策研究(1980—1989)》,陕西师范大学博士学位论文,2013年。

时殷弘:《激变战略与解放政策:冷战初期美国政府对苏联东欧内部状况的政策》,载《世界历史》1995年03期。

沈志华主编:《苏联历史档案选编》(第33卷),北京:社会科学文献出版社,2002年版。

段德智主编:《境外宗教渗透与苏东剧变研究》,北京:人民出版社,2015年版。

郭增麟:《情报发自华沙》,北京:群众出版社,2001年版。

韩召颖:《输出美国:美国新闻署与美国公众外交》,天津:天津人民出版社,2000年版。

[美]施魏策尔:《里根政府是怎样搞垮苏联的》,北京:新华出版社,2001年版。

[美]乔治·布什,布伦特·斯考克罗夫特:《重组的世界:1989—1991年世界重大事件的回忆》,南京:江苏人民出版社,2000年版。

[美]布热津斯基:《实力与原则》,北京:世界知识出

版社,1985年版。

［波］拉科夫斯基:《波兰剧变是怎样发生的》,北京:世界知识出版社,1992年版。

［波］雅鲁泽尔斯基:《雅鲁泽尔斯基选集 1981—1987》,北京:人民出版社,1988版。

［英］耶日·卢克瓦斯基、赫伯特·扎瓦德斯基:《波兰史》,上海:东方出版中心,2011年版。

［南斯拉夫］米利伏耶维奇:《波兰在十字路口》,北京:世界知识出版社,1981年版。

附录　人名中英文对照

提摩西·阿什(Timothy Garton Ash)

瓦茨拉夫·哈维尔(Václav Havel)

耶日·安杰耶夫斯基(Jerzy Andrzejewski)

莱赫·瓦文萨(Lech Walesa)

理查德·派普斯(Richard Pipes)

兹比格涅夫·布热津斯基(Zbigniew Brzezinski)

埃德蒙·马斯基(Edmund Muskie)

克莱门特·扎布洛茨基(Clement J. Zablocki)

沃伊切赫·雅鲁泽尔斯基(Wojciech Jaruzelski)

亚历山大·黑格(Alexander M. Haig)

乔治·舒尔茨(George P. Shultz)

约翰·怀特海德(John C. Whitehead)

乔治. H. W.布什(George H. W. Bush)

瓦迪斯瓦夫·哥穆尔卡(Wladyslaw Gomulka)

亚当·腊帕茨基(Adam Rapacki)

爱德华·盖莱克(Edward Gierek)

赫尔穆特·索南菲尔德(Helmut Sonnenfeldt)

亨利·基辛格(Henry Kissinger)

亚采克·库龙(Jacek Kuroń)

亚当·米奇尼克(Adam Michnik)

卡罗尔·沃伊蒂瓦(Karol Józef Wojtyła)

教皇保罗二世(Pope John Paul Ⅱ)

斯特凡·维辛斯基(Stefan Wyszynski)

罗纳德·里根(Ronald Reagan)

莱恩·柯克兰德(Lane Kirkland)

列昂尼德·勃列日涅夫(Leonid Brezhnev)

玛格丽特·撒切尔(Margaret Thatcher)

吉斯卡尔·德斯坦(Valery Giscard d'Estaing)

赫尔穆特·施密特(Helmut Schmidt)

约瑟夫·平科夫斯基(Józef Pińkowski)

斯塔尼斯拉夫·卡尼亚(Stanisław Kania)

莱谢克·拉科夫斯基(Leszek Kołakowski)

理查德·库克林斯基(Ryszard Kuklinski)

理查德·伯特(Richard Burt)

威廉·凯西(William J. Casey)

卡斯帕·温伯格(Caspar Willard Weinberger)

约翰·斯坎伦(John Scanlan)

罗姆亚尔德·帕索夫斯基(Romuald Spasowski)

劳伦斯·伊格尔伯格(Lawrence Sidney Eagleburger)

弗朗西斯·米汉(Francis Meehan)

艾伦·霍姆斯(Alien Holmes)

斯特凡·奥热绍夫斯基(Stefan Olszowski)

查尔斯·威克(Charles Wick)

威廉·多诺万(William Joseph Donovan)

查尔斯·凯斯曼(Charles Kassman)

阿纳托利·多勃雷宁(Anatoly Dobrynin)

伊雷娜·拉索塔(Irena Lasota)

莱谢克·克拉克夫斯基(Leszek Kolakowski)

切斯瓦夫·米沃什(Czesław Miłosz)

汤姆·卡恩(Tom Kahn)

亚克·帕廷顿(Arch Puddington)

米洛斯拉夫·霍耶茨基(Miroslaw Chojecki)

兹比格涅夫·布亚克(Zbigniew Bujak)

波格当·里斯(Bogdan Lis)

耶日·米尔斯基(Jerzy Milewski)

欧文·布朗(Irving Brown)

格伦·坎贝尔(Glenn Campbell)

莱赫·邦德科夫斯基(Lech Badkowski)

唐纳德·里甘(Donald Regan)

里奥内尔·奥尔默(Lionel Olmer)

拉里·斯皮克(Larry Speakes)

季斯瓦夫·纳吉德(Zdzislaw Najder)

弗兰克·莎士比亚(Frank Shakespeare)

詹姆斯·巴克利(James L. Buckley)

马克·帕尔默(Marc Palmer)

威廉·威尔森(William Wilson)

约翰·科勒(John Koehler)

迪克·沃尔特斯(Dick Walters)

季斯瓦夫·路德维兹克(Zdzislaw Ludwiczak)

约瑟夫·切瑞克(Józef Czyrek)

阿尔弗雷德·苗道维奇(Alfred Miodowicz)

约·吉纳斯(Jan Kinast)

耶日·波别乌什科(Jerzy Popieluszko)

奥洛夫·帕尔梅(Olof Palme)

斯坦尼斯拉夫·布罗达(Stanisław Broda)

布罗尼斯拉夫·盖莱梅克(Bronislaw Geremek)

卡梅隆·蒙特(Cameron Munter)

约翰·里查德森(John Richardson)

卡尔·戈斯曼(Carl Gershman)

布莱恩·艾德伍德(Brian Atwood)

阿尔弗雷德·赖斯(Alfred Reisch)

露德米拉·特罗纳(Ludmilla Thorne)

休厄林·布鲁斯泰(Seweryn Blumsztajn)

耶日·乌尔班(Jerzy Urban)

理查德·威尔曼斯基(Richard Wiermanski)

利兹·卡尔森(Ritz Carlson)

阿尔弗雷德·帕多克(Alfred H. Paddock)

康斯坦丁·契尔年科(Konstantin Chernenko)

米哈伊尔·戈尔巴乔夫(Mikhail Gorbachev)

赫尔穆特·科尔(Helmut Kohl)

贝蒂诺·克拉克西(Bettino Craxi)

毛诺·科伊维斯托(Mauno Koivisto)

维利·勃兰特(Willy Brandt)

布伦特·斯考克罗夫特(Brent Scowcroft)

戴维·斯沃茨(David Swartz)

爱德华·谢瓦尔德纳泽(Eduard Shevardnadze)

沃尔特·斯托塞尔(Walter Stoessel)

兹比格涅夫·梅斯纳(Zbigniew Messner)

戴尔·彭德格拉斯特(Dell Pendergrast)

杰克·肯普(Jack Kemp)

莫里斯·尤德尔(Morris Udall)

约瑟夫·拜登(Joseph Biden)

芭芭拉·米库尔斯基(Barbara Mikulski)

米洛斯拉夫·多米尼兹克(Miroslaw Dominczyk)

亚采克·科那皮克(Jacek Knapik)

耶日·波涅克(Jerzy Boniecki)

罗伯特·哈钦斯(Robert L. Hutchings)

斯塔尼斯拉夫·乔塞克(Stanislaw Ciosek)

安德烈·维尔勒斯基(Andrzej Wielowieyski)

阿罗伊齐·奥尔祖力克(Alojszy Orszulik)

切斯瓦夫·基什查克(Czesław Kiszczak)

安德烈·帕奇科夫斯基（Andrzej Paczkowski）

塔德乌斯·马佐维耶茨基（Tadeusz Mazowiecki）

迈克尔·杜卡基斯（Michael Dukakis）

詹姆斯·贝克（James Addison Baker）

理查德·切尼（Richard Bruce Cheney）

宝拉·多不里扬斯基（Paula Dobriansky）

彼得·劳登布什（Peter Raudenbush）

亨里克·员乌耶克（Henryk Wujec）

弗拉基米尔·扎格拉金（Vladimir Zagladin）

图书在版编目(CIP)数据

1980 年代美国对波兰的隐蔽行动 / 潘光逸著. —南京：南京大学出版社，2023.8
(南大亚太论丛 / 石斌主编. 美国海外隐蔽行动研究系列)
ISBN 978-7-305-27233-2

Ⅰ.①1… Ⅱ.①潘… Ⅲ.①美国对外政策-研究-波兰 Ⅳ.①D871.20

中国国家版本馆 CIP 数据核字(2023)第 155659 号

出版发行	南京大学出版社
社　　址	南京市汉口路 22 号　　邮　编 210093
出 版 人	王文军
丛 书 名	南大亚太论丛·美国海外隐蔽行动研究系列
主　　编	石　斌
书　　名	**1980 年代美国对波兰的隐蔽行动**
著　　者	潘光逸
责任编辑	官欣欣
照　　排	南京紫藤制版印务中心
印　　刷	南京爱德印刷有限公司
开　　本	787 mm×1092 mm　1/32　印张 13.75　字数 180 千
版　　次	2023 年 8 月第 1 版　2023 年 8 月第 1 次印刷
ISBN 978-7-305-27233-2	
定　　价	68.00 元

网址：http://www.njupco.com
官方微博：http://weibo.com/njupco
官方微信号：njupress
销售咨询热线：025-83594756

* 版权所有，侵权必究
* 凡购买南大版图书，如有印装质量问题，请与所购
　图书销售部门联系调换

"南京大学亚太发展研究中心"简介

"南京大学亚太发展研究中心"是由"南京大学亚太发展研究基金"定向全额资助的一个对大亚太地区进行全方位、多层次、跨学科研究的机构。它致力于承担学术研究、政策咨询、人才培养、社会服务与国际交流等功能。依托亚太发展研究中心设立的"南京大学亚太经济合作组织研究中心"是教育部国别与区域研究备案研究机构。

该中心是国内首家以"发展"为关键词命名的综合性地区研究机构,秉持"立足中国、面向亚太、辐射全球"的开放理念,旨在探讨亚太及全球"政治发展"、"经济发展"与"社会发展"诸领域的重要议题,彰显"和平发展"与"共同发展"的价值取向,弘扬"人类命运共同体"这一崭新的全球价值观。

"中心"定期主办"钟山论坛"(亚太发展年度论坛)、"励学讲堂"等学术论坛,旨在推动国内外学界、政府、企业、社会之间的对话与交流。

"中心"主办的出版物有《南大亚太论丛》、《南大亚太译丛》等系列丛书,《南大亚太评论》、《现代国家治理》、《人文亚太》、《亚太艺术》等学术成果。此外还有《工作论文》、《调研报告》、《工作通讯》等多种非正式刊物。

通信地址:江苏省南京市仙林大道163号南京大学仙林校区圣达楼460室南京大学亚太发展研究中心(210023)
电子邮箱:zsforum@nju.edu.cn
电话、传真:025 - 89681655
中心网址:https://www.capds.nju.edu.cn
微信公众号:CAPDNJU

本土关怀暨世界眼光　　科学与人文并举
秉持严谨求实之学风　　学术与思想共生
倡导清新自然之文风　　求真与致用平衡